AF619747

L'IMPOT TERRITORIAL

OU

LA DIXME ROIALE

AVEC TOUS SES AVANTAGES,

PAR M. LINGUET.

4399

A LONDRES,

M. DCC. LXXXVII.

38805

AVERTISSEMENT.

QUEL *cheval ils rebutent, pour ne ſavoir à faute d'adreſſe, & de hardieſſe, s'en ſervir!* C'eſt en ces termes, ſi l'on en croit *Plutarque*, (1) que le jeune *Alexandre* exprimoit ſes regrets, en voiant dépriſer, rebuter, comme indomptable, le meilleur cheval qui ait jamais exiſté. Ne pourroit-on pas appliquer ce propos au ſiſtème politique, ou du moins fiſcal dont je vais tâcher de développer les avantages ?

Tant qu'il a été confondu avec les ſpéculations philoſophiques ſi multipliées dans ce ſiècle, qui n'ont guères été connues que du public, & que l'autorité croit avoir ſuffiſamment refutées, en les appellant des rèves d'*hommes de bien*, qu'elle tolere en conſéquence pour l'amuſement des lecteurs oiſifs, mais dont elle ne daigne pas même s'occuper dans la pratique, ſous prétexte que les unes ſont impraticables, ou dangereuſes, que les autres ont des acceſſoires trop compliqués, &c.; tant que l'*Impôt* TERRITORIAL a été comme elles l'objet de ce mépris, ou de cet effroi, les apréciateurs éclairés, les bons citoiens ont pu conſerver l'eſpoir de voir enfin arriver au miniſtere l'*Alexandre* financier capable de dompter ce *bucephale*.

Mais l'eſſai en aiant été tenté de nos jours, & malheureux; l'*Impôt territorial* aiant paru re-

(1) Vie d'*Alexandre*, Traduction d'*Amiot*.

A 2

jetté d'une voix unanime, par une aſſemblée nationale pleine d'hommes éclairés, convoqués, conſultés par un Souverain bien intentionné; le miniſtre qui a paru vouloir ſaiſir cette grande idée, & l'adapter à un plan de reſtauration, aiant non-ſeulement échoué, mais ſuccombé ſous la réclamation univerſelle qui a réprouvé ſes projets, il en réſulteroit peut-être un préjugé indeſtructible contre l'opération la plus équitable en elle-même, la plus judicieuſe dans ſes principes, la plus douce dans ſes acceſſoires, la plus féconde dans ſes produits, qui ait jamais été propoſée en *Finance.*

Il importe de conſigner, au moins dans les archives de la littérature, une eſpèce de proteſtation contre cet anathême précipité : il importe de conſerver cette reſſource, même en *France*, aux adminiſtrateurs futurs, quand toutes celles que l'on va chercher pour pallier la détreſſe préſente, ſeront épuiſées; il importe de faire voir que ce n'eſt pas l'*Impôt territorial* qui a été propoſé à l'aſſemblée des *Notables*; & que ce n'eſt pas l'*Impôt territorial* qu'ils ont proſcrit.

Si la mobilité d'idées, & d'intérêts, qui permet rarement dans ce beau Roiaume de revenir ſur ce qu'on y a une fois eſſaié, & manqué, y eſt un obſtacle invincible à la réſipiſcence ſur cet article : ſi l'on y eſt détourné à jamais de revenir à l'examen de la choſe, parce que celle qui en uſurpoit le nom n'a pas réuſſi, au moins ne faut-il pas que ſon exemple devienne chez ſes voiſins un épouvantail pour des adminiſtrateurs plus conſtans, ou un titre pour les adverſaires tentés de contredire leurs opérations.

Il eſt trop vrai que l'*Impôt territorial* propoſé avec tant d'éclat à l'aſſemblée de *Verſailles*, n'avoit que le nom de cette ſubvention, la ſeule de toutes celles qui ſurchargent la nomenclature des finances, à laquelle on puiſſe ſans rougir, ou ſans ſe rendre ridicule, adapter l'épithète de *bienfaiſante* : dans le nouveau plan il n'auroit été qu'une branche de plus ajoutée à cette tige meurtrière, conſervée d'ailleurs dans toute ſon étendue : quelques retranchemens plus apparens que réels, n'en auroient en aucun ſens, compenſé l'allarmante croiſſance.

On amalgamoit l'*Impôt territorial*, avec la *taille*, l'*uſtenſile*, l'*induſtrie*, les *garniſons*, *&c. &c. &c.* qui grevent déja les *campagnes*; avec les droits ſur les *conſommations* qui gênent & déſolent les *villes*; avec les *aides*, les *gabelles*, le *tabac*, &c. &c. &c. qui humilient, qui tourmentent, qui épuiſent également les *villes* & les *campagnes*; avec les droits d'*entrée*, fléau du commerce, devenus plus généraux, & plus effraians auſſi, par un déplacement, qui rendoit commune, univerſelle, la ſervitude, & non la liberté.

Et non-ſeulement par ſon introduction il devenoit une ſurcharge foncière, réelle, au-lieu d'être un ſoulagement, mais dans ſa forme même il ſuppoſoit, il néceſſitoit une complication diſpendieuſe & funeſte. Il devoit être réparti en conſéquence d'un cadaſtre fictif, ſur un CLASSEMENT *des différentes qualités de terre*, établi d'après le prix des fermages (1) & par conséquent d'après le relevé des *Baux* dont il auroit fallu exiger la révélation, & vérifier l'exactitude; procédé inquisitorial qui appelle la fraude & le châtiment, & qui dès-lors ouvre la porte aux vexations.

Il est vrai qu'on fixoit cette taxe dans une proportion infiniment modérée en apparence. C'étoit le 20e. du loier des *meilleures terres*, & le 40e. de celui des plus mauvaises: mais cela même étoit une source d'incertitude, & un juste sujet d'allarmes: cette modicité spécieuse n'auroit été que trop susceptible d'une extension arbitraire & indéfinie. En très-peu d'années, par un manège presque imperceptible, sur des *arrêts du Conseil ignorés*, & cependant exécutés, chaque quotité auroit pu changer de terme, & s'accroître par une graduation dévorante.

Ainsi dénaturé l'*Impôt TERRITORIAL* n'auroit produit aucun des avantages que l'on a droit de s'en promettre, & il auroit été souillé de tous les vices justement reprochés à tous les autres ulcères de la fiscalité. Pour qu'il soit salutaire, il faut qu'il soit comme le vin, fort, mais sans mêlange, sans ingrédient étranger, sans autre manipulation que celle qui est nécessaire pour qu'il existe. Sophistiqué, frélaté par toute espèce d'addition fiscale, c'est un poison.

Les Notables *François* ne sont donc pas répréhensibles d'avoir montré pour ce spécifique dans l'état où il leur étoit présenté, une répugnance poussée jusqu'au refus. Ces hommes

(1) Voiez le Mémoire sur l'*Imposition territoriale*.

judicieux que le Ministre, abusé lui-même sur son opération, n'avoit cru se donner que pour coopérateurs, ont donc bien fait de s'en constituer les Juges, & de s'abstenir d'une condescendance qui auroit compromis la nation sans retour.

C'est une bien belle occasion perdue, il faut l'avouer, de rendre à la raison, à la justice, à l'honnêteté, leurs droits dans une matière qui n'en paroît guères susceptible; il est triste de penser que sous le même regne c'est la seconde ainsi devenue presque inutile; & ce qui peut ajouter aux regrets ainsi qu'à la surprise, c'est que c'est aux mêmes mains, à des mains *philosophes*, que sont dus ces deux mauvais succès. Rien assurément, & par les principes, & par la personne, & par les accessoires, ne se ressembloit moins que MM. de C. & T. & cependant ces deux Ministres se sont laissés conduire, ils ont été égarés par les mêmes directeurs.

Il m'est bien permis de rappeller dans l'humiliation de l'*école* dont il s'agit, ce que j'en ai dit dans les tems de sa plus grande splendeur : il est vraiment fâcheux qu'avec des talens, des lumières, & de bonnes intentions même, il en soit sorti plus d'erreurs que de vérités; que ce qu'elle avoit saisi de celles-ci n'ait servi dans la bouche de ceux de ses élèves que le mauvais destin de la *France* a poussés auprès du ministère, qu'il a fait réussir deux fois à en devenir d'abord les oracles, & ensuite les truchemens, qu'à inspirer des démarches fausses; qu'enfin l'initiation de ces philosophes au Gouvernement ait abouti pour tout fruit à compromettre non-ſeulement leur philoſophie particulière, mais les principes eſſentiels d'une partie eſſentielle de l'art de gouverner, les ſeuls qui pourroient, je le répète, humaniſer, juſticialiſer, s'il m'eſt permis d'emploier ce mot, la délicate & terrible adminiſtration des Finances.

Une choſe fort ſingulière, c'eſt que dans le tems où M. de C. ſembloit devenir le diſciple avide & docile de ces ardens réformateurs qui ne ſemblent prêcher, reſpirer que la liberté, ce miniſtre multiplioit à la fois, & les loix qui produiſent les entraves morales du commerce, des propriétés, & les clôtures phiſiques, emblêmes, inſtrumens de l'eſclavage des perſonnes. La mémoire de ſon adminiſtration ſera conſervée même aux ieux, par cette muraille inconcevable, dont il a empriſonné *Paris*; dans laquelle on ne ſait ce qu'on doit admirer le plus, ou du deſpotiſme uſurpateur qui en a reculé les limites; ou du faſte ſcandaleux qui en dirige la conſtruction, & les acceſſoires; ou de l'inutilité, ſi l'on ne multiplie pas dans la même proportion les gardes deſtinés à en ſurveiller l'enceinte, ce qui juſtifieroit un autre genre de ſurpriſe & de ſcandale.

Quoi qu'il en ſoit, aiant déja il y a vingt ans conſigné mes idées à ce ſujet, dans une brochure particulière, les aiant depuis remaniées, & développées avec plus d'étendue dans les *Annales*, je crois devoir les reprendre encore aujourd'hui, & les remettre ſous les ieux du public, ne fût-ce comme je viens de le dire, que pour empêcher la preſcription.

Le fonds de cette idée d'un *Impôt territorial* ou d'une *dixme laïque*, adaptée par ſon eſſence aux beſoins de l'état, n'eſt ni de moi qui ai tâché de la conſerver dans toute ſa pureté, ni des *économiſtes* qui en la modifiant ſont venus à bout de la rendre ſuſpecte, & pernicieuſe. Elle appartient originairement à M. de *Vauban*, ce guerrier citoien, qui devant ſa fortune & ſa réputation à ſa ſupériorité dans l'art d'exterminer les hommes, ſemble avoir voulu expier ſes triſtes ſuccès, par des recherches profondes, & preſque perpétuelles, mais malheureuſement reſtées ſans uſage, ſur les moiens de les gouverner avec douceur.

On a élevé des doutes ſur la part qu'il a eue à un ouvrage où la plupart de ſes maximes ont été conſignées, & développées : peu importe qu'il ſoit, ou non, l'auteur du projet de la *dixme roiale* publié, & accueilli ſous ſon nom. Ce qui eſt eſſentiel, c'eſt que réellement ce projet eſt bon, aiſé à mettre en pratique; que c'eſt faute d'avoir été médité, aprofondi par les hommes à qui leurs places impoſoient le devoir de le méditer, de l'aprofondir, & par les écrivains philoſophes à qui leur conſcience rendoit ce devoir commun, qu'il eſt reſté ſans exécution.

En haſardant de m'en rendre l'interprète dans ce ſiècle-ci, j'y avois ajouté une autre partie qui n'en eſt que le développement, l'aplication à une autre nature de biens, non ſuſceptible de celle de la *dixme*. C'étoit la propoſition d'un *toiſage* d'après lequel les *terreins* des bâtimens dans les villes, &c. auroient fourni l'équivalent du produit que la *dixme* tiroit de ceux des fonds cultivés.

Dans le *Mémoire sur l'Imposition territoriale* on s'étoit aproprié cette idée, mais en la dégradant comme l'autre; ce n'étoit pas même aux villes qu'on l'apropriolt: c'étoit aux campagnes seules qu'on paroissoit vouloir la restraindre. J'ai donc cru, pouvoir, ainsi que l'administration, regarder ce projet comme *non avenu*, & redonner le mien, tel à peu près que je l'ai publié en 1780: je n'y ai ajouté que quelques éclaircissemens destinés à en rendre les avantages plus sensibles, & à achever de détruire les objections par lesquelles on a autrefois essaié de m'embarasser.

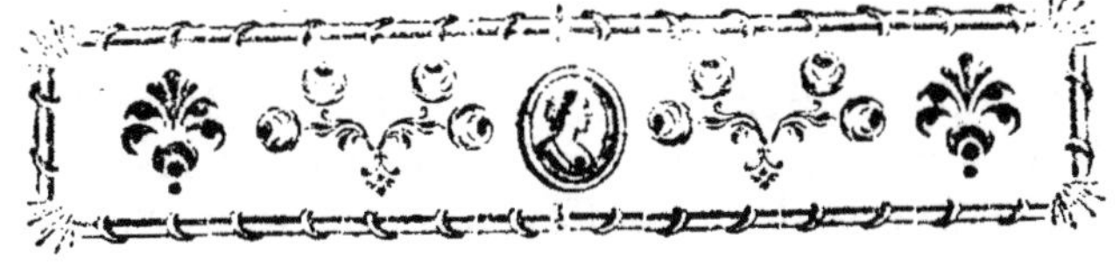

§ I.

Des IMPOTS *en général. Des différens sistêmes proposés, & adoptés sur la manière tant de les établir, que de les percevoir.*

IL en faut des *Impôts*; c'est une vérité triste & démontrée. En toute société l'homme ne peut s'assurer la jouissance d'une partie de son bien, qu'en abandonnant le reste. Il faut que le citoien qui laboure, nourrisse le citoien qui défend les champs, & qui ne laboure point: il faut des bras à la justice & au commerce: tout ce qui sert à la grandeur de l'Etat, ou à sa décoration, ou à sa sûreté, doit être paié par ceux qui en profitent; cela est juste: mais de quelle manière, & dans quelle proportion? C'est un problême qui n'a jamais été résolu, ou du moins presque toutes les solutions sont différentes.

Les uns, fondés sur ce que *tout sort de la terre*, voudroient que les produits seuls de la terre fussent taxés, & qu'ils le fussent à leur source. Ils voudroient que les *biens de la campagne*, qui, dans la vérité, sont les seuls biens réels & solides, supportassent toutes les charges, & qu'on abandonnât à une entière liberté toutes les autres natures de richesses qui ne sont qu'un moien de faire valoir les premières.

D'autres prétendent qu'il n'y auroit rien de plus injuste que cette restriction. Tout le fardeau des charges communes retombera donc en ce cas-là, disent-ils, sur les *agriculteurs* ! L'argent, pour parvenir jusqu'à eux, n'a qu'une seule route, étroite, pénible, souvent arrosée de leurs sueurs, & même de leurs larmes : il en trouve mille pour leur échapper. L'*Avocat*, le *Médecin*, le *Prêtre*, le *Militaire*, le *Marchand*, &c. vivent sans difficulté du travail du Laboureur. Ils lui vendent des conseils en tout genre, dont le prix se leve sur sa subsistance. C'est une première espèce de tribut que leur industrie impose à son ignorance.

Il faut donc que cette industrie soit taxée, suivant une proportion connue, à la décharge du cultivateur. Il faut que les *bourgeois* des villes *murées*, celui qui professe des *arts libres*, celui qui subsiste des appointemens attachés à son emploi, ou des gains produits par son travail, participe aux charges de la société dont il recueille les avantages. L'industrie ingénieuse, ou oiseuse des villes, doit être taxée encore plus haut que le travail pénible des campagnes, puisqu'elle est beaucoup plus lucrative.

Ces observations paroissent sans réplique: mais quel sera le taux de cette taxe? Sur quelle règle ſera établie cette proportion ? Ici les ſpéculateurs ſe partagent avec encore plus de vivacité.

Ceux-ci veulent une *capitation* unique qui procure à tout le reſte un affranchiſſement univerſel. Ils éclatent contre les droits multipliés, contre les taxes abuſives, ridicules; plus effraiantes, plus ruineuſes encore pour le peuple, par la forme arbitraire de la perception, que lucratives pour le Prince par ce qu'elles rapportent.

Ceux-là ſoutiennent qu'un impôt de cette nature ſeroit accablant & inſoutenable. Ils prétendent que le grand ſecret de la *Finance*, c'eſt de ſurprendre imperceptiblement, & par portions au peuple, les ſommes dont l'exaction le révolteroit, ſi elles étoient arrachées en une ſeule maſſe. Ils comblent d'éloges l'idée de faire porter la ſubvention ſur les denrées de la conſommation habituelle, & ne ceſſent de répéter qu'il n'y a pas d'autres moiens de rendre le fardeau inſenſible, en ce qu'on paie journellement, *ſans le ſavoir*, & avec une égalité dont aucune méthode n'eſt ſuſceptible.

Ce dernier ſiſtême a en effet prévalu dans la pratique. C'eſt d'après ces principes que les frontières de tous nos Etats *Européens* ſont hériſſées de *bureaux*, de *corps-de-gardes*; que notre légiſlation préſente une immenſe nomenclature de denrées permiſes ou défendues, de tarifs de toute eſpèce, de droits non moins nombreux;

& de commis amoncelés pour les percevoir, ou déconcerter la fraude, si l'on osoit essaier de les éluder.

Et ce n'est pas sur la ligne qui sépare une *monarchie*, une *république*, un état quelconque, de ses voisins, que sont tendus ces pièges, qu'est placée cette armée importune, effraiante, quelquefois meurtrière : presque par-tout, hors en *Angleterre* & en *Suisse*, cet appareil se trouve répété de ville en ville; chaque enceinte murée présente les mêmes entraves, & le même épouvantail.

L'entrée de chacune est semblable à celles des prisons. Une inquisition aussi flétrissante qu'incommode attend quiconque arrive à la porte d'une Cité, de même qu'à la première barrière d'un Roiaume. De secondes taxes y consument d'avance une portion des denrées, même de celles qu'un usage journalier consomme; rien, soit homme, soit marchandise n'y pénètre sans avoir subi, ou la formalité humiliante d'une défiance injurieuse, ou l'exaction d'une contribution accablante, dont la rentrée en détail n'est pas toujours sûre.

Encore s'il n'en résultoit que l'humeur passagère du voiageur, & le renchérissement de la denrée, on pourroit ne pas beaucoup s'inquiéter de l'une, & se consoler de l'autre : mais la surcharge de la marchandise assure un gain infaillible au marchand qui sauroit s'y soustraire : n'y aiant pas de sceau qui en indique le paiement, du moins pour le plus grand nombre des objets du commerce, ceux qui auront évité la taxe se vendront moins cher que ceux qui l'auront subie, & le débitant fraudeur y trouvera encore un bénéfice qui lui rendra la fraude précieuse, de-là la *contrebande.*

La tolérer, c'est anéantir le revenu public: mais comment la réprimer? Par des punitions: & quelles sont celles que l'on a jugé à propos d'adapter à ce délit?

Les Souverains, & leurs Conseils, trop familiarisés malheureusement avec le mépris de la vie des hommes, avec l'application de la peine *capitale*, accoutumés à prodiguer l'existence des sujets pour le maintien de la moindre prérogative des couronnes, n'ont pas balancé à ériger en *crime* l'adresse, ou l'audace qui brave leurs Ordonnances pécuniaires, à investir du droit de glaive les mains chargées de veiller au recouvrement de leurs revenus.

A la vérité on n'a pas osé prononcer cruement que l'introduction secrète d'une once de tabac, ou d'une mesure de sel, pouvoit justifier la perte de la vie, ni même de la liberté: on a paru se contenter de la confiscation des objets saisis, & d'une *amande*: mais si le prétendu coupable n'a point d'argent pour paier cette *amande*, il est envoié aux *galères*: de sorte que c'est sa pauvreté qui est punie, & non pas son délit.

Ce n'est pas tout: on pouvoit craindre que des gens à qui l'on enleveroit leur bien, &

qu'on dévoueroit à une double perte, ou à une flétrissante captivité, seroient tentés de défendre leurs personnes, & leur fortune : c'est alors qu'on a prononcé sans scrupule la peine de mort; elle est décernée contre toute tentative pour se défendre en pareil cas; & afin d'épargner aux agens de cette législation le plus de dangers que l'on pourroit, cette peine on l'a étendue même au *simple port d'armes.* Un contrebandier saisi avec une *épée*, un *bâton ferré*, dont il n'a pas fait usage, est pendable, comme le voleur le plus audacieux.

Et c'est par des *Juges*, que se prononcent ces condamnations ! c'est d'après un *code*, sur des loix *écrites*, réflechies, qu'ils procèdent.

Mais ce n'est pas encore tout : les *fraudes* se commettent ordinairement la nuit; ou par des passages écartés : la preuve seroit quelquefois difficile à acquérir : en toute autre matière la loi ne peut trop suspecter les témoins : elle réserve à celui qu'ils accusent tout ce qu'il peut emploier de moiens, même de prétextes pour infirmer leur déposition : elle les exclud, par cela seul qu'ils peuvent être *intéressés* au succès de l'accusation.

En matière de *contrebande*, c'est tout le contraire. D'abord il est enjoint aux *Juges* d'en croire les *emploiés* sur leur parole, quand ils sont deux; & ces témoins déclarés *infaillibles*; dont l'affirmation nécessite des arrêts de mort, les mêmes Ordonnances leur accordent le tiers des *prises* que leur affirmation procure.

Il semble qu'il est impossible de rien ajouter à ces horribles dispositions : le code fiscal a cependant été plus loin : il a consacré non-seulement des assassinats moraux, commis avec des *procès verbaux*, des *sentences*, mais des assassinats phisiques, & consommés avec des *armes*. Dans l'ordonnance *françoise* de 1680, exécutée depuis cent ans, base depuis cent ans de toute la l'égislation sur cette matière, dans le Roiaume, & ailleurs on lit T. 17, intitulé *du fauxsaunage*, ne » seront faites aucunes poursuites contre ceux » *qui auront tué des fauxsauniers* en résistant : » *imposons sur ce silence à nos procureurs généraux*. Et cette Jurisprudence affreuse a été adoptée, consacrée dans d'autres dominations!

Aux ieux de la raison, de l'humanité, de la justice, l'exposé seul de ces horreurs suffit pour la proscription du sistême qui les nécessite. La *contrebande* est un délit de convention : elle n'a rien de criminel par sa nature ; & pour la réprimer il faut emploier des moiens qui le sont essentiellement, qui sont destructeurs de toute équité, de toute police, de toute sureté. Cependant elle naîtra nécessairement de toute régie qui perpétuera l'impôt établi sur les denrées, sur les marchandises, sur tous les objets portatifs du commerce. De-là seul résulte la nécessité, l'obligation, *en conscience*, *en honneur*, pour les administrateurs de bonne foi, de chercher d'autres expédiens pour subvenir aux besoins publics, & procurer aux Souverains les contributions dont ils ne peuvent se passer : tâchons donc d'en trouver.

§ II.

Que la ſeule méthode raiſonnable & juſte pour la perception des impôts, c'eſt de les lever EN NATURE, *& par conſéquent d'établir la* DIXME.

C'EST de l'*argent* que les Gouvernemens veulent; & il faut bien qu'on leur en fourniſſe, puiſqu'ils ont des beſoins auxquels ils ne peuvent ſubvenir qu'avec de l'*argent*; mais les adminiſtrateurs qui les dirigent ſemblent n'avoir jamais fait attention qu'à une des facultés de ce *Protée* politique, à celle qu'il a de ſe métamorphoſer en toutes ſortes de denrées : ils ont oublié qu'il avoit auſſi celle de naître de tous les objets qui ont quelque valeur dans la ſociété, & qui ſont, ou le produit du travail, & de l'induſtrie des hommes, ou l'objet de leurs déſirs. En conſéquence c'eſt toujours du métal en *eſpèce* qu'ils ont demandé; & en cela ils ont commis une faute dont les ſuites ont été infiniment funeſtes.

Si ce ſacrifice fait aux beſoins, ou aux volontés du Prince on l'exigeoit ſur les talens, comme ſur les richeſſes; ſi cette contribution s'étendoit juſqu'aux qualités *phiſiques* ou *morales* de chacun des individus compris dans un Empire, ſans doute on ſe conformeroit dans la diſtribution des taxes à celle de ces qualités. Quand le Souverain voudroit de la muſique ou des ballets, on ne décerneroit pas à de vieux *Conſeillers*, à de vieux *Avocats*, à de vieux *Notaires* l'ordre de fournir des *basses*, des *clavessins*, des *violons*, à la cour, ou de venir danser des *passepieds* devant sa Majesté. Quand elle voudroit aller à la chasse, ce n'est pas aux *six corps* qu'on enjoindroit d'aller poser le relais, après avoir fourni les meutes, & les équipages; on ne prendroit pas des piqueurs & des valets de chiens parmi les *drapiers*, ou les *merciers*.

On varieroit les demandes comme les facultés des contribuables. La redevance des *Jurisconsultes* s'acquitteroit *en avis*, celle des épiciers en *sucre*, en *caffé*, &c. Comment se fait-il que cette convenance de première raison soit sans cesse violée dans la politique? Comment à des gens qui n'ont que du *bled*, du *vin*, de l'*huile*, s'opiniâtre-t-on à demander uniquement, & indistinctement de l'*argent*?

Ils peuvent en faire de leurs denrées! oui sans doute: mais en recevant d'eux, en nature, la portion de leur propriété à laquelle vous les avez taxés, vous en feriez de l'argent aussi bien qu'eux: vous leur épargneriez un tems précieux: vous leur sauveriez des dégoûts sans nombre, & une précipitation souvent ruineuse. En les forçant de changer de nature, dans un terme fixe, la denrée qu'ils ont, pour se procurer celle qu'ils n'ont pas, vous leur laissez les risques, les dangers, les pertes de cette métamorphose; vous les accablez, vous les épuisez sans profit.

Cet aveuglement, cette méprise de la part des Régisseurs *laïques* de nos grands Empires, doivent d'autant plus surprendre, qu'ils avoient sous leurs ieux un exemple frappant des avantages attachés à la marche naturelle dont ils s'écartoient. C'est certainement un *impôt*, dans toute la force du terme, que la contribution paiée sous l'ancienne Loi à la Tribu de *Lévi*, & sous la nouvelle à l'église *chrétienne* à son imitation, sous le nom de *dixme*. Or, ce riche héritage, aux deux époques, n'a jamais été desséché par l'avidité imprudente, qui n'est satisfaite que quand elle moissonne des métaux.

Le bonheur d'avoir été dès les commencemens les premiers interprètes de la Divinité auprès des autres hommes, semble avoir par-tout communiqué aux Ecclésiastiques des lumières supérieures sur l'administration : aussi jamais ils n'ont stipulé en argent les tributs que la piété prodiguoit aux pieds des autels. C'est toujours en nature qu'ils les ont perçus. C'est des fruits, & non de leur valeur monétaire qu'ils se sont réservé une portion, & de-là ont résulté pour le *Clergé* des avantages sans nombre.

Recette plus facile, perception plus humaine, & moins coûteuse, jouissance plus assurée, indépendance absolue des tems & des évènemens, &c. ce sistême réunit tous les avantages. Comment se fait-il, je le répète, qu'aucun politique avant M. de *Vauban*, (1) n'ait pensé à introduire,

(1) En *Europe* : car en *Asie*, cette perception est établie de tems immémorial. » Le revenu du Roi pour l'entretien » de sa maison, & de ses troupes, consiste aux droits qu'on

dans la manutention générale des revenus de l'état, un ordre qui faisoit si visiblement prospérer ceux d'une portion des membres de cet Etat ?

Quel que soit le sistême qu'un ministère, même bienfaisant & éclairé, adopte aujourd'hui, il n'en trouvera jamais qui ait plus de propriétés utiles que la *dixme*, & moins d'inconvéniens. Si l'on examine la facilité de la recette, elle y est toute entière. Il n'y aura jamais personne d'insolvable, ni par conséquent de non-valeurs. C'est le produit de la terre qui tout naturellement réglera la proportion de l'impôt.

Plus de ces charges odieuses de *Collecteurs* qui entretiennent la haine & l'esprit de vengeance dans les villages, qui rendent cruels ceux qui ont le malheur d'y être nommés, sans les dispenser de se ruiner. Plus de procès à l'*Intendance* ou à l'*Election*, plus de *monopoles*, plus de *Receveurs*, plus d'*Huissiers des tailles*, plus de *Garnison*, de *Recors*, de fainéans à leurs gages, envoiés pour gagner dans un village un écu par jour, à condition de rendre quarante sols à celui qui les emploie. Plus de plaintes de l'industrie laborieuse qu'on écrase; parce qu'elle est ro-

---

» prend sur tout ce que la terre produit. . . . . Il y a » dans les villes & les villages des magasins, pour serrer » cette *dixme* : car les fermiers qui sont ordinairement des » gens du commun, levent le *dixième* de toutes choses, » qui se prend sur le champ, au tems de la récolte. . . . *VOIEZ la description du Roiaume de* Corée, *dans le recueil des* voiages au Nord Tome 4 page 316.

buſte, tandis qu'on ménage la pareſſe oiſive qui veut être languiſſante. Enfin plus de tous ces abus qui ſéchent, maigriſſent & ruinent ſans retour cette racine de l'Etat, la ſage, la féconde, la reſpectable *agriculture.*

Si on regarde aux frais du recouvrement, ils ſont nuls. Deux hommes appellés *Pitoyeurs* ou *Dixmeurs*, ſuffiſent dans chaque village pour aſſurer la dixme ordinaire contre les fraudes des mal-intentionnés. Il n'en faudra pas davantage pour celle du *Roi.* Le tranſport des matières, du champ dans la grange, doit ſe compter pour rien, parce qu'il eſt inévitable; & que, de quelque façon qu'on s'y prenne, il en coûtera toujours infiniment plus au Roi pour tranſporter un écu de la poche d'un *Fermier-Général* dans la ſienne, que pour faire paſſer une voiture de gerbes chez ſon Receveur.

Si l'on compte pour quelque choſe les procédés qui accompagnent la levée de l'impôt, & qu'on préfère une contribution perçue ſans cris, ſans douleur, à des tributs arrachés par la violence à la miſère, au déſeſpoir c'eſt ici que la régie de la dixme triomphe, & obtiendra la préférence auprès de tout cœur ſenſible.

1°. Une levée qui ſe fait en fruits, n'inſpire point à ſes miniſtres la même dureté que celles qui ſe font en argent. Ce métal a la propriété excluſive de rendre tous ceux qui le manient impitoiables & barbares. Il n'en eſt pas de même des fruits; ils ſont-là. Celui qui a droit d'en prendre une partie, le trouve; il en remplit ſa main & s'en va.

Mais celui qui veut de l'argent les dédaigne; il les fait vendre à perte. Le malheureux payſan voit ſa dépouille ſaiſie; il voit ſon bled, ſon vin vendus preſqu'avant la récolte; ſouvent même la ruine de toute ſa fortune ne ſuffit pas pour acquitter en argent une très-petite dette, que le dixième de ſon revenu auroit éteinte, ſi on lui avoit permis de paier en fruits.

2°. Les occaſions de montrer de la mauvaiſe humeur, ou de la cruauté, n'exiſtent point dans la perception de la dixme. Ce n'eſt point un de ces droits inconnus, faciles a étendre, fondés ſur des Ordonnances intelligibles ou captieuſes, que l'avidité explique ſuivant les conſeils de l'intérêt, & où les plus vils de tous les hommes ſont juges & parties. La dixme eſt le plus clair de tous les droits, le moins ſujet à diſcuſſion.

Le décimateur n'eſt autoriſé qu'à recueillir: ce n'eſt pas même lui qui fait ſa part. Des Officiers déſintéreſſés, engagés par ſerment à ſoutenir la juſtice, & par humanité à ne point l'outrer, vont dans les champs déſigner & marquer eux-mêmes la portion ſacrifiée à la franchiſe du reſte. Le payſan ſenſible à l'abondance qui l'entoure, ébloui des *neuf dixièmes* de ſon bien qu'il conſerve, ne ſonge point au *dixième* qu'on enlève. D'ailleurs la tranquillité, la ſécurité dont il eſt certain de jouir le reſte de l'année au moien de ce petit ſacrifice, en adoucit encore l'amertume. On pleure aujourd'hui en livrant au collecteur le quart de l'impôt; on danseroit alors en voiant le receveur en emporter à la fois la totalité. (1)

3°. La *gabelle*, la ferme du *tabac*, celle des *aides*, sont encore plus odieuses qu'accablantes : cette nécessité de paier au Prince la permission d'user des présens de la nature, & de trembler toujours de commettre un crime en salant sa soupe, en achetant une pincée de tabac, ou en buvant un verre de vin, font de ces droits en eux-mêmes, toute circonstance à part, des épouvantails terribles qui en solliciteront éternellement la proscription. Une carote de tabac trouvée dans une cour, ou la couleur plus ou moins foncée de la saumure où s'est macéré un jambon, peuvent livrer une famille irréprochable à toutes les horreurs d'une procédure criminelle, conduire ses chefs aux galères & les enfans à l'hôpital. Par cela seul ces droits seront toujours odieux & redoutables.

Avec la *dixme* il n'y a rien de pareil à appréhender. Comme la charge sera insensible, elle sera éternelle sans exciter de plaintes : jamais les soupirs du peuple, & les larmes de l'innocence n'en demanderont la suppression.

4°. Enfin les taxes levées en *argent* sont sujettes à la variation inévitable que la multiplication des métaux cause dans leur valeur. Elles cessent bientôt d'être en proportion avec les besoins qui les ont occasionnées; ce qui suffisoit au com-

(1) Ceux qui trouveront cette hiperbole trop forte en trouveront la modification ci-après.

mencement d'un ſiècle, ne ſuffit plus au milieu de l'autre. Le Souverain appauvri ſans avoir rien perdu, voit avec ſurpriſe ſes coffres vuides, quoi qu'il y faſſe rentrer les mêmes ſommes, qui les rempliſſoient ſous ſes prédéceſſeurs. Trompé par la dénomination, il eſt le jouet d'une abondance qui le ruine; & quand tout s'eſt enrichi autour de lui, lui ſeul éprouve les ſimptômes de l'indigence.

Quelle eſt ſa reſſource? De doubler l'impôt pour ſe mettre au pair : alors il encourt la haine attachée à cette opération forcée. On l'accuſe d'avidité, ou d'inconduite, à l'inſtant où il n'agit que d'après une néceſſité urgente, & une juſtice très-régulière. Il perd la confiance, l'amour des peuples, que ſes ancêtres ont conſervés en les chargeant beaucoup plus que lui.

Pour déguiſer ſes demandes, qui paroiſſent des exactions, il a recours à ces tournures ruineuſes, à ces manipulations financières, qui ne font qu'accroître le mal; il multiplie les *petits droits*; il attaque le commerce dans tous ſes débouchés; il ronge l'agriculture dans toutes ſes racines. S'abaiſſant à un manège bien indigne de ſa grandeur, il ſe fait un art de celui de gliſſer ſubtilement ſa main dans les bourſes; & pourvu que celui qu'on dépouille ne s'en apperçoive pas, on croit avoir fait un coup d'Etat mémorable.

Admettez la *dixme*, cet aviliſſement de l'adminiſtration, qui à la longue entraîne celui des ſujets, diſparoît. Les revenus du Prince ſont toujours en proportion avec ſes dépenſes, tant que quelque cas extraordinaire n'y apporte pas une inégalité, autre que celle dont il s'agit ici. L'augmentation du numéraire dans les Etats n'influe pas ſur ſa richeſſe, ou ſa pauvreté.

Si, par exemple, *Louis XI*, en portant ſous ſon regne les tailles à *quatre millions*, les avoit perçus *en nature*, n'eſt-il pas évident que cette partie des recettes roiales auroit été dans tous les tems, & ſans qu'il fût beſoin d'en hauſſer ſucceſſivement de demi ſiècle en demi ſiècle l'évaluation, une des plus ſûres, des plus abondantes reſſources de la Couronne? Le bled valoit alors environ *trente ſols* le ſeptier; il vaut aujourd'hui trente livres : ſes *quatre millions* en vaudroient de nos jours *quatre-vingt*, & le peuple les paieroit ſans s'en appercevoir; il n'auroit pas à gémir d'une augmentation qui n'exiſte réellement point, ni d'une différence qui n'eſt en effet que le rétabliſſement de l'égalité.

Il eſt évident que *Louis XVI*, ſous une dénomination vingt fois plus forte ne reçoit préciſément que la même ſomme : mais pour ſe ſoutenir à ce niveau, pour combattre les diminutions qui réſultoient dans la recette du hauſſement des monnoies, il a fallu encore une fois, ſous les regnes précédens, recourir à toutes les petites ruſes, à tous ces agiotages miniſtériels qui ſont le plus grand fléau des Roiaumes où ils ſont une fois adoptés, & que la *dixme* anéantiroit pour jamais.

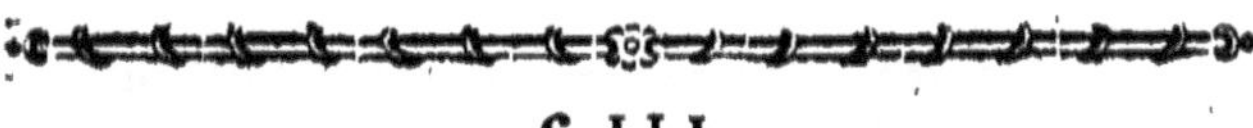

§ III.

EQUIVALENT à la DIXME ROIALE, pour les Villes, ou moien d'aſſujettir les poſſeſſions qui n'en paroiſſent pas ſuſceptibles, à l'IMPOT TERRITORIAL.

ON a fait, on fera des objections : & quel eſt le plan, en quelque genre que ce ſoit qui n'en eſt pas ſuſceptible? Je répondrai tout à l'heure aux plus *ſpécieuſes*; car je ne crois pas qu'il ſoit poſſible d'en faire de fondées : mais je n'ai encore préſenté qu'une partie du ſuplément bienfaiſant qu'on pourroit ſubſtituer à toutes les ſubventions oppreſſives ou honteuſes, qui nous écraſent, ou nous déſolent : il faut avant tout le préſenter complet, & répondre au ſeul réproche raiſonnable que pourroit ſans cela juſtifier l'impôt *territorial.*

Ces enceintes formées d'abord par le beſoin, par la raiſon, & depuis envahies par le luxe, que nous nommons *Villes*, ſemblent échapper à la *dixme roiale* : ou du moins ſa perception y ſeroit ſujette aux plus grands abus : il faudroit, dit-on, ou tolérer la fraude qui chercheroit à s'y ſouſtraire, ou forcer à l'exactitude par la rigueur dont vous vous plaignez, & perpétuer dans une partie de l'adminiſtration ce régime fiſcal qui vous paroît ſi dur. Cette perception même exiſte déja, avec tous ces inconvéniens, dans ce qu'on appelle les *dixièmes*, les *vingtièmes*,

Il n'y a point en apparence d'impôt plus juste, plus facile à répartir, plus aisé à percevoir : il n'y en a point qui promettent une moisson plus abondante : il n'y en a point cependant qui excite plus de réclamations, point contre lequel l'industrie qui l'élude soit plus assurée du succès, point dont l'assiette & la vérification offre plus d'obstacle; point enfin dont le produit, proportion gardée, soit plus disproportionné à la fécondité de la source.

Cependant aussi c'est-là votre vraie *dixme roiale*, & elle a la propriété qui en est, suivant vous, le plus heureux caractère : elle se leve *en nature* : le terrain écrasé par les édifices de nos cités ne produit que de l'*argent*. On ne demande à leurs propriétaires que de l'*argent*; votre *dixme* y est donc réellement établie : & dès que dans ces enclos murés la perception en est nécessairement infructueuse si elle n'est pas tirannique, quel préjugé d'une part contre les effets qu'elle pourroit entraîner à la campagne; ou quelle meilleure preuve qu'au moins dans les villes elle seroit insuffisante ou onéreuse ?

Assurément la conséquence n'est rien moins que juste : la réponse se trouve dans l'objection même; celle-ci n'a une force apparente, que parce que par un renversement d'idées inconcevable, on a totalement écarté de la *campagne*, le principe qui y auroit été salutaire, & en l'adoptant à la *ville*; où il étoit plus aisé de s'en passer, on l'a dénaturé par des modifications qui l'ont ou presque anéanti, ou même rendu destructeur.

A la *campagne* tous les produits ſont viſibles, & volumineux : la fraude eſt ſi difficile, & ſi peu lucrative que la tentation ne peut preſque pas en venir au redevable : & c'eſt-là qu'on a établi une eſtimation arbitraire, indépendante des évènemens, des conſidérations multipliées, qui peuvent la rendre accablante, odieuſe, injuſte.

A la *ville* tous les produits ſont cachés; le miſtère qui ſouſtrait la connoiſſance approfondie aux Argus financiers engendre un gain ſenſible, une épargne effective & précieuſe; & c'eſt-là qu'on a établi un impôt qui ſuppoſe une notion exacte des revenus réels qu'il eſt à peu près impoſſible de ſe procurer. Ainſi par une tranſpoſition auſſi biſarre que funeſte, on a appliqué l'arbitraire là où la meſure ſeule auroit été profitable, & la meſure à ce qui en excluoit l'application.

Voilà pourquoi la *dixme* défigurée ſous le nom effraiant de 10e. de 20e. ne produit dans les *villes* qu'une récolte douloureuſe, péniblement arrachée, & cependant modique, indigne de ſon nom. Pour la retrouver entière, pour s'en aſſurer le recouvrement ſans perte, ſans violence, ſans inquiétude, il ne falloit qu'une légère attention. Les guérets fécondés par l'agriculture rendent des *fruits* : il falloit en conſacrer au Souverain une partie, pour opérer la franchiſe du reſte. Les eſpaces voués au luxe ſtérile des palais, ou condamnés à ſubir la ſurcharge des logemens même néceſſaires, des habitations, ne peuvent rendre que de l'*argent* : il faut donc que la contribution des propriétaires s'acquitte en *argent*; mais comme il feroit ici plus difficile de pénétrer le fecret de la récolte, comme la fraude trouveroit toujours moien d'en diffimuler le véritable produit, & que la différence des terrains n'entraîne pas une inégalité dans ce produit comme dans celui qui fe tire directement des travaux champêtres, c'eft au fol même qu'il faut appliquer la proportion bienfaifante dont nous parlerons ici.

Si toutes les maifons & leurs dépendances étoient toifées exactement, & foumifes à un impôt fixé fur un taux connu, dans un rapport quelconque avec fon ufage, fon utilité; que les *Batimens*, les *Magasins*, les *Cours*, les *Jardins*, &c. fuffent taxés d'après une proportion connue & immuable, il me femble qu'il s'enfuivroit dans la répartition un ordre qu'on ne pouvoit troubler, & dans la recette une facilité qui ne feroit jamais interrompue. (1)

Je ne fuis point l'inventeur de cette méthode : elle s'obferve en partie à *Paris* même pour les *boües & lanternes*. Les voiageurs difent qu'on la fuit en entier au *Japon*. Il vaudroit bien autant peut-être tirer de ces infulaires une coutume fage que ces bagatelles vernies dont la cherté fait tout le mérite.

---

(1) On fent bien qu'il faudroit ici de la proportion, & que le toifage de *Paris*, de *Lyon*, de *Rouen*, devroit être évalué plus haut que celui d'*Orgon* ou d'*Epernai*, quoique ces dernières enceintes foient également réputées *villes*.

Les *Anglois* l'ont prise en partie, ou du moins en ont adopté l'équivalent dans leur taxe des *Fenêtres* ; mais équivalent insuffisant, odieux dans la forme, injuste au fonds, déparé par une infinité d'abus qu'on ne peut guère connoître que quand on demeure sur les lieux, & dont par conséquent les habitans de la *grande Bretagne* sont seuls intéressés à se plaindre : il me suffit d'observer que le *toisage* dont il s'agit ici en seroit exempt.

Oui : mais, dira-t-on, il en aura d'autres, & sur-tout un qu'il étoit bien essentiel d'éviter. Vous ne taxez par-là qu'un seul ordre de citoien. Le commerçant utile, le faiseur de bagatelles superflues, qu'on appelle *artiste*; le vendeur, souvent très-avide, de conseils ruineux, qui s'intitule *Avocat* noble & *libre*; le distributeur, presque toujours aveugle, de recettes & d'Ordonnances, qui se fait nommer *Docteur* ou *Médecin*; enfin tous ceux qui n'ont d'autres fonds que de prétendus arts & des talens souvent suspects; tous ceux-là se trouveront exempts d'impôts ; ils jouiront d'une franchise injuste ; ils devront au propriétaire leur opulence, & ils étaleront à ses ieux une liberté choquante, capable de le décourager.

Non : ce *marchand*, cet *artiste*, cet *Avocat*, ce *Médecin*, ne couchent point dehors : il leur faut des maisons. S'ils emploient à en acheter les fruits de leur industrie, ils rentrent dans la classe des propriétaires ; ils seront taxés. S'ils se contentent de les louer, le prix du bail sera toujours proportionné à l'impôt que ſupportera l'emplacement; ce ſeront donc réellement les locataires qui paieront cet impôt, comme le ſel qui ſe conſume ſur un jambon, eſt paié, non pas par celui qui le *maience*, mais par celui qui le mange.

Je ſais bien qu'il y aura d'abord des variations dans le prix des loiers, juſqu'à ce qu'ils aient atteint leur niveau naturel. Mais les *dixièmes* & *vingtièmes* n'en ont-ils pas cauſé également dans le produit des rentes, dans l'évaluation des gages des offices, dans les loiers? Cela a-t-il empêché qu'on n'ait établi & perçu ces droits?

Mais, dit-on, quiconque en faiſant un grand commerce, ſaura ſe contenter d'une maiſon fort petite, échappera donc à l'impôt? J'en conviens, mais celui qui agiote aujourd'hui, dont tout le bien eſt, comme on dit, dans ſon porte-feuille, donne-t-il priſe ſur lui à toutes ces impoſitions arbitraires dont vous accablez ſes voiſins? S'il eſt aſſez ſage pour ne pas ébruiter ſon opulence; s'il en jouit ſans l'afficher, il bravera la *capitation* elle-même, qui cependant peut ſeule avoir le droit de s'aſſujettir cette eſpèce de fortune. Il n'arrivera donc ici que ce qui arrive déja dès à préſent, ſans qu'on puiſſe y remédier.

Tant que cet homme ne s'occupera que du commerce; tant qu'il voudra bien n'accroître ſa richeſſe, qu'en la laiſſant partagée entre les mains de ſes correſpondans, expoſée à tous les haſards qui ſuivent le trafic, il ne pourra pas l'augmenter, l'augmenter, sans augmenter en même tems l'opulence générale. S'il veut enfin la réaliser, s'il désire quelque chose de plus solide que du papier, s'il veut dans sa vieillesse acquérir un vrai droit au nom du citoien, & posséder un morceau de cette terre où il va bientôt rentrer, il faudra bien qu'il achète ou des *fermes* à la *campagne*, ou des *maisons* à la *ville*. Ces fonds heureux qu'un banqueroutier n'emporte point, où l'abondance fixe le repos, dont elle écarte l'inquiétude; ces domaines animés où l'on recueille à leur source les vrais biens que le commerce transporte, mélange & dénature; ces retraites paisibles où l'on apprend à aimer, à servir les hommes, qu'il faut ou haïr ou tromper dans les villes; les maisons de campagne, débarrassées de tous les fléaux qui les ruinent, de l'air contagieux qui les emprisonne, offriront à l'opulence le plus doux, le plus agréable de tous les séjours.

Si par une triste habitude elle préfère les brouillards de la ville, à la sérénité de la campagne, le pavé des rues, au gazon de son jardin, elle voudra du moins embellir la demeure qu'elle se sera choisie. Si elle en augmente l'étendue, elle augmente aussi le tribut que va lui demander la patrie. Si elle ne fait que la décorer, son argent répandu dans les mains de différens ouvriers, fournit à leurs besoins, & les met en état de paier, pour leurs propres logemens, l'impôt qu'elle n'a point laissé accroître sur le sien.

Mais, ajoute-t-on encore, dans ces amas de maisons qu'on nomme *villes*, tous les quartiers ne font pas égaux. Si vous taxez également tous les édifices, vous ferez néceffairement injufte. Le pied quarré dans les *palais* de la rue de *Richelieu*, fi nous voulons tirer nos exemples de *Paris*, doit être plus cher que dans les *chaumières* du *fauxbourg Saint-Marceau*. Ce féjour de l'indigence active fera bientôt défert, fi on le foumet au même taux que celui de la richeffe faftueufe.

J'en doute. D'abord peut-être la même étendue de terrain rapporte-t-elle au moins autant à la barrière des *Gobelins*, qu'à la place des *Victoires*. On fera fur le premier quatre maifons habitées chacune par cinq ou fix ménages. Le château élevé fur le fecond contiendra à peine une feule famille.

Il y a quelques claffes d'hommes utiles pour qui cet arrangement fembleroit cependant entraîner effectivement une furcharge onéreufe. Tels font les ouvriers qui ont befoin d'un vafte emplacement, foit pour leurs travaux, foit pour en loger, en préparer, en conferver les matières, comme les *felliers*, les *charrons*, &c. Mais feroit-il fi difficile de trouver pour eux un tempéramment favorable? Les hangars deftinés à ferrer les voitures, ou les matériaux volumineux, ne pourroient-ils pas être mis quoique couverts & murés, au rang des *cours* & des *jardins*?

D'ailleurs ces fortes d'artifans deviendroient bientôt induftrieux pour économifer un terrain dont la base seule seroit sujette à la taxe: ils imiteroient les tapissiers de la *halle* à *Paris*, qui étant excessivement resserrés par la cherté du terrain, & la forme de leurs maisons, empilent, pour ainsi dire, leurs magasins les uns sur les autres, en font autant que d'étages.

Un *carossier* ne tarderoit pas à doubler, à tripler ses remises, en multipliant les planchers, pour loger ses voitures les unes au-dessus des autres. Ils le font à *Londres* où la police dont il s'agit ici est déja presque adoptée, puisque le nombre des fenêtres d'une maison, est ce qui en détermine la taxe; c'est une manière assez ingénieuse, quoique peu exacte, d'en évaluer la grandeur.

En général la différence des valeurs, & des produits du terrain dans les différens quartiers, n'est pas une objection particulière à l'*Impôt* TERRITORIAL. Le manouvrier serré dans son sixième étage, au haut du *faubourg Saint-Marceau*, paie ses consommations aussi chèrement que le financier répandu dans les vastes palais du *fauxbourg Saint-Honoré*. Le *vin*, le *beurre*, les *œufs* consommés dans les répaires infects de la rue *Clopin* n'ont-ils pas paié les mêmes droits que ceux qui sont enlevés pour la *chaussée* d'*Autin*? Pourquoi les habitans se plaindroient-ils de voir transporter au terrain qu'ils occupent la même uniformité qui affecte aujourd'hui toutes les denrées qu'ils consomment? Le *Toisage* ne seroit ni plus injuste, ni plus onéreux.

Au contraire, il le feroit moins : l'impôt étant proportionné à l'efpace occupé, chacun feroit le maître de s'y fouftraire en concentrant fon individu, & en retréciffant fes jouiffances. Le loier des grandes maifons, des grands jardins, éprouveroit une plus grande augmentation : voilà tout. Mais feroit-ce un mal ? Je ne le crois pas : il me femble plutôt, comme je l'ai dit ci-deffus, que ce feroit un grand bien.

Et quand même il feroit vrai que cette opération pût diminuer le nombre des bâtimens dans les villes, je demande fi ce feroit un mal ? Où iroient loger ces habitans qui quitteroient *Paris* ? A la *campagne* fans doute. Mais dans un village on ne vit que d'une induftrie utile. La charrue, la bêche, le rateau, font les feules reffources que le travail y préfente aux hommes. Quel bonheur fi la mifère, qui aujourd'hui fait refluer les habitans des champs à la ville, pouvoit enfin les renvoier de la ville aux champs ! C'eft alors que l'agriculture pourroit fe flatter de l'emporter bientôt fur l'orgueil du luxe, & fur le fafte. On a dit que chaque palais élevé dans la Capitale annonçoit une mazure dans la Province. Quelle gloire pour un Roi, pour fes Miniftres, fi chaque mazure dans les villes pouvoit annoncer la reftitution d'une famille honnête & laborieufe à la campagne !

*

§ IV.

Réponses aux objections contre l'impôt territorial.

1re. OBJECTION. *Son établiſſement cauſeroit au Gouvernement de grands embarras, & de grandes dépenſes.*

DANS quel embarras, dit-on, va ſe trouver le Gouvernement s'il adopte ce ſiſtême ? Les denrées en nature ne ſont point portatives ; & tous ſes mouvemens de nos jours du moins, exigent de la rapidité. D'ailleurs il eſt accablé de dettes ; il en faut paier les arrérages : & eſt-ce avec *du vin en mouſt*, avec *du bled en gerbe* qu'il s'acquittera ?

La régie en ſeroit bien plus diſpendieuſe : pour convertir ſon *foin*, ſon *froment* en *argent*, il faudroit qu'il vendît auſſitôt après la récolte : ce qui inonderoit les marchés, & procureroit un baiſſement paſſager dans le prix : cette diminution lui ſeroit infiniment nuiſible, ſans être utile à perſonne, ou du moins au peuple : les monopoleurs capitaliſtes ſaiſiroient cet inſtant de bon marché pour remplir leurs greniers : & le reſte de la nation qui vit au regràt, au jour le jour, ſe trouveroit obligée de paier chez le lendemain ce qu'elle auroit vu donner la veille à vil prix, &c.

De plus le Roi auroit à ſa charge toutes les lenteurs, tous les frais, tous les dangers de la vente ou de la garde des denrées : il faudroit multiplier les magasins, & les conservateurs, c'est-à-dire, les sources de fraudes, & de tentations. Les régisseurs actuels rongent une partie de son argent; mais ceux qu'on veut y substituer épargneroient-ils davantage les denrées qui passeroient par leurs mains? Et l'exemple de tout ce qui s'appelle régie au compte du Roi ne prouve-t-il pas que plus ces régies comportent de détails, plus les abus y sont nombreux ?

Enfin, car on a été jusqu'à ce dernier reproche, pour serrer de l'argent il ne faut que des *sacs* & des *coffres*, mais où mettre ce *bled*, ce *vin*, ce *bois*? Combien de granges, de caves, de greniers, de chantiers, il faudra ou acheter ou construire! un spéculateur a même été jusqu'à faire le calcul de ce que coûteroient, dans un Roiaume comme la *France*, ces réceptacles, seulement pour les *grains*; & il a trouvé que dès la première année il faudroit débourser plus de 200 millions.

Il seroit trop dur peut-être de dire que ces critiques ne sont pas de bonne foi : mais il est clair qu'elles démontrent dans ceux qui les hasardent au moins bien peu de réflexion.

Observons d'abord que les unes portent sur ce principe faux que l'administation doive en général paier toutes ses dépenses *comptant*; qu'elle sera en conséquence obligée, aussitôt après chaque récolte, d'inonder à la hâte tous les marchés du résultat de sa collecte, afin de la convertir sans délai en *argent* : or, rien de moins fondé.

Jamais l'obligation de tout paier comptant, n'est entrée dans les spéculations, ni dans les procédés d'aucun Gouvernement. C'est bien assez pour eux, & pour le fournisseur, qu'en fixant une échéance, ils y soient exacts. Un peu de fidélité à remplir leurs engagemens leur procureroit le crédit le plus étendu, & les délais les moins coûteux.

Nous en avons vu, depuis un siècle sur-tout, plus d'un ne se piquer en quelque sorte que de perfidie, suppléer à des prodigalités extravagantes par des manques de foi révoltans, par des subtilités honteuses, & souvent par des violences criminelles; & cependant aux moindres simptômes de résipiscence, à l'apparition d'un Ministre qui semble annoncer quelque scrupule, & promettre, sinon des procédés équitables, au moins la diminution des injustices, le crédit renaît : la confiance court au devant de lui : il trouve plus de facilité à prendre des arrangemens dépendans de l'avenir, que le particulier le mieux fâmé : s'il avoit une fois adopté une méthode ennemie des fraudes, des impostures, des perfidies, quelle consistence ce crédit ne recouvreroit-il pas ?

Ensuite il est fort douteux, quel que fût le nombre des mains nécessaires pour recueillir, amasser, conserver, débiter toute cette chévance, qu'il approchât même de l'armée que ſoudoie aujourd'hui la finance pour vexer les citoiens dans toutes les claſſes; pour percevoir aux portes des villes le *pied fourché*; pour y faire à tous les paſſans une queſtion injurieuſe, puiſqu'elle tend uniquement à les convaincre de menſonge, & qu'une vérification groſſière ſuit immédiatement la réponſe qui ſembloit devoir l'exclure; pour déſoler les campagnes avec le *ſel* & le *tabac*; pour y faire abhorrer un nom chéri, que la bouche des exacteurs ſouille à tout moment.

Mais il y a une troiſième réflexion qui répond abſolument à toutes les difficultés. Adoptez encore la méthode *eccléſiaſtique* dans la perception, comme dans l'aſſiette même de l'impôt, & il ne ſubſiſte plus ni crainte, ni dépenſe, ni danger, pas même celui de noier vos marchés pour les affamer après. Affermez la dixme du *Roi*, comme celle des *Evêques*, des *Chapitres*, des *Curés*: que dans chaque village elle ſoit donnée à bail à des entrepreneurs pour des termes fixes, aſſez longs pour qu'ils puiſſent s'indemniſer des variations, ſoit dans le produit phyſique, ſoit dans la valeur accidentelle; & aſſez bornés pour que jamais cette valeur accidentelle ne vienne, par la ſuite des tems, à ſe trouver trop diſproportionnée avec la redevance, tout eſt concilié: le peuple paiera en *nature*; le Roi recevra en *argent*: tous les frais s'évanouiſſent.

Et il y aura cette différence entre ces emmagaſinemens-ci, & ceux qu'auroit pu faire le Roi à ſon compte, que la vente chez les décimateurs fermiers ne ſe fera que par portions; qu'elle n'aura jamais ſur les marchés qu'une influence ſalutaire; que l'eſtimation du bail ſera toujours portée à ſa juſte valeur : ſi dans les premières adjudications il y a des abus, ils ſeront faciles à découvrir par la ſuite; ils ne dureroient que par la connivence des *Intendans*, & autres Officiers prépoſés aux *enchères*; ce qui eſt un vice de l'Adminiſtration en elle-même, & non pas de l'eſpèce de régie dont il eſt queſtion ici.

Quant à l'objection tirée de la néceſſité de conſtruire autant de *granges*, de *celliers*, que de *villages*, il me ſemble bien ſuperflu d'y répondre : elle eſt évidemment abſurde, ſur-tout dans le cas ou *l'impôt territorial* ſeroit *affermé*. Qui prendroit cette ferme ſur chaque lieu? Seroient-ce des *bourgeois* de *Paris* qui auroient ſpéculé par compagnies ſur le lucre à tirer de ces enchères? & qui croiroient, comme ils le font preſque partout ailleurs, ne pouvoir opérer honnêtement qu'après avoir dépenſé des millions en *châteaux*, pour loger, ou eux ou leurs agens, quand ils iroient voir *leur fabrique*?

Il n'y a pas d'apparence. Pour garantir ces fermages de la cupidité orgueilleuſe & ſédentaire des citadins, il ſuffiroit d'une loi préciſe qui défendit de procéder aux adjudications ailleurs que ſur les lieux; & même d'en réunir plus d'une, à moins d'être domicilié dans un des villages dont on entreprendroit d'amodier la *dixme*. Cette reſtriction ne nuiroit point à ce que la fermé fut portée à sa juste valeur, mais elle seroit inutile; parce que le bourgeois éloigné ne seroit jamais tenté de se placer pour de semblables objets en concurrence avec le païsan domicilié; parce qu'à prix égal, & même supérieur de la part de celui-ci, il y auroit encore du bénéfice pour lui, quand il n'y auroit qu'une perte assurée pour tout autre, puisqu'il feroit la cueillette avec moins de frais, puisqu'il y auroit moins de gaspillage, sous les ieux du fermier personnellement intéressé, travaillant lui-même en personne.

Or, ce fermier étant un laboureur, ou un vigneron du canton, n'auroit-il pas déja une grange ou un cellier? Ne seroit-il pas aidé par ses parens, ses amis? Quand il seroit obligé d'en construire, n'en viendroit-il pas à bout par une avance imperceptible, d'autant plus facile à risquer, qu'elle lui donneroit un avantage par la suite, pour prolonger sa possession, en renouvellant son bail, même avec augmentation de sa redevance?

Enfin voici un mot sans réplique à ce sujet. Quand un *curé*, un *prieur*, un *couvent*, qui ont fait valoir leurs *dixmes* eux-mêmes, jugent à propos de les affermer, voit-on éclore dans le village une *grange*, une *cave*, un *cellier* de plus? Le changement dans l'exploitation est-il réputé nuire au revenu? En résulte-t-il à cet égard une autre diminution que le surplus de l'impôt dont est tenu le fermier? Pourquoi supposer que la même opération faite sur la portion du Prince seroit plus ruineuse que celle du *clergé*?

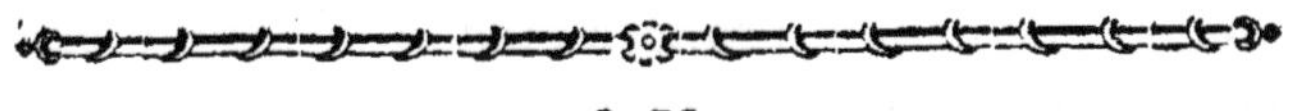

§ V.

Seconde objection. *L'impôt territorial renferme en lui-même une injuſtice odieuſe, & produit entre les contribuables une inégalité révoltante.*

Il faut que cette objection ſoit bien ſpécieuſe : de tous les mémoires qui m'ont été adreſſés autrefois, quand j'ai donné pour la première fois ces idées, il n'y en a qu'un ſeul où elle ne ſe trouve pas : encore eſt-ce probablement parce que l'auteur, abſolument de mon avis ſur tout le reſte, n'avoit d'inquiétude que ſur le montant du produit. En voiant tant d'eſprits éclairés ſe réunir à regarder comme une vérité évidente, un point qui me paroît à moi manquer totalement de juſteſſe, je rougis preſque de ne pas voir comme eux : je ſuis tenté de me défier de mes ieux, & de ma raiſon : voici pourquoi, toute réflexion faite, je perſiſte pourtant dans mon opinion.

Les terres, dit-on, ſont de différentes qualités, mais les frais de culture ſont les mêmes, & ſouvent plus forts pour les mauvaiſes que pour les bonnes. Or, la *dixme roiale* ne ſe plie point à ces variétés : elle emporte toujours la même portion de la récolte ſur le fonds qui produit peu, & ſur celui qui produit beaucoup : d'où il réſulte que le propriétaire du terroir fortuné paie très-peu en proportion de ſa moiſſon, au-lieu que celui du canton maudit eſt épuiſé par la contribution : & pour rendre cette idée plus frappante, un des adverſaires de la *dixme* y a joint le tableau ſuivant.

Un arpent de *très-bonne terre* produit par exemple		400 gerb.
Les frais de culture en abſorbent	50	
La dixme roiale au 10e. en emporte	40	126
La dixme eccléſiaſtique au 11e.	36	
Reſtent au propriétaire		274
Deux arpens de *bonne terre* donneront de même		400
Frais de culture	100	176
Dixmes tant roiale qu'eccléſiaſtique	76	
Reſtent au propriétaire		224
Quatre arpens de *terre médiocre* donneront		400
Culture	200	276
Dixmes	76	
Reſtent au propriétaire		124

Enfin six arpens de *mauvaise terre* donneront 400

Culture . . . . 300 }
Dixmes . . . . 76 } 376

Restent au propriétaire . . . 24 gerb.

De sorte qu'il pourroit arriver, si la récolte de ces six derniers arpens ne rendoit pas tout-à-fait ce qu'on en attend, que le cultivateur ne retirât pas même ses avances; d'où l'on conclud qu'une imposition qui *reste la même dans tant de cas tout différens*, est essentiellement inégale, & par conséquent inique.

Les réponses se présentent en si grand nombre que je ne suis embarrassé que sur le choix: je ne ferai pas toutes celles que je pourrois faire, à beaucoup près: je me bornerai à deux qui me semblent décisives.

1°. L'objection en elle-même n'est réellement qu'une équivoque. Sans doute il y a une très-grande disproportion entre le produit d'une *excellente* terre, & celui d'une *mauvaise* : il n'y a pas de comparaison entre le rapport d'un acre de *pacage* dans la *vallée d'Auge*, ou d'un arpent au territoire de *Hay*, de *Saint-Emilion*, & celui de la même mesure dans les craies de *Vertus*, ou dans les sables de *Bayonne* : mais faut-il attribuer à la *dixme roiale* une inégalité qui existe avant elle, sans elle, indépendamment d'elle?

Elle enlève la même portion de l'un & de l'autre de ces distriƈts! Oui, mais c'est quand ils donnent le même produit; c'est quand la stérilité est compensée par le nombre; c'est quand elle décime un rapport, ou un espace *six fois plus grand* sur l'un que sur l'autre.

L'injustice seroit dans l'exemple proposé d'enlever 76 gerbes sur le mauvais arpent, comme sur le bon. Mais dès qu'elle ne s'approprie sur les deux que le 10e. de ce qu'ils rendent, quel reproche peut-on lui faire? Un axiôme de géométrie nous apprend que quand de deux quantités, qui sont entr'elles en proportion, on ôte deux quantités proportionnelles aussi, la première proportion reste la même. Ainsi 20 est le double de 10: ôtez de ces nombres 4 & 2 qui sont aussi doubles l'un de l'autre, il vous restera 16 & 8, qui sont encore entr'eux dans le même rapport. Ici celui des deux extrêmes, de l'excellente terre, & de la rebelle, est environ d'1 à 6: ôtez-en le 10e. il ne changera pas.

Pour convaincre aussi l'esprit par les ieux, au-lieu d'opposer à *un* arpent d'excellente terre *six* de mauvaise, qui donnent en produit, & en impôts le même résultat, ce qui embrouille & trompe l'esprit, comparons-les, mesure contre mesure, & nous verrons avec quelle scrupuleuse fidélité la dixme suit la différence des produits. supposons qu'en effet

Les terres rendent par arpent :	*La dixme roiale y prendra :*
La très-bonne 400 g.	. . . . . 40 gerb.
La bonne . . 200	 20
La médiocre . . 100	 10
La mauvaiſe . . 70	 7

Comment pouvez-vous dire maintenant que la portion ſouſtraite par le décimateur dans chacun de ces cas ſoit égale ?

Vous emploiez la même équivoque, ou vous faites la même mépriſe dans l'évaluation des frais de *culture*, mais en ſens contraire : pour calomnier l'*Impôt territorial* avec ſuccès, vous exagérez les avances qu'il méconnoît, comme le produit qu'il s'aproprie : eſt-il bien vrai que ſix arpens de mauvais terrain qui ne rendent en fruits qu'autant *qu'un bon*, coûteront *ſix fois* autant en exploitation ?

Si ce terrain eſt mauvais par ſa légèreté, ſon rapport ſera très-modique, mais les frais de culture le ſeront auſſi : dans les plaines de *Champagne* où on recueille à peine un peu d'avoine en trois ans, un âne mene la charrue : il ſuffit d'égratigner la terre, au-lieu de la labourer : une branche d'arbre tient lieu de herſe; & cela n'eſt pas coûteux. Si au contraire c'eſt une argille compacte, une marne graſſe, & ſouvent noiée, pleine de racines fortes qu'il faut arracher, par des labours profonds, & réitérés, il faudra des attelages nombreux, comme en *Poitou*, en *Anjou*, &c. où quatre, six bœufs, avec autant de chevaux, ont peine à ouvrir les sillons: il faudra multiplier les façons; herser les terres, les rouler, quelquefois casser les mottes à bras, &c. mais alors de deux choses l'une, où la terre domptée par ces efforts rend en proportion de ce qu'il en a coûté pour la réduire, ou on la laisse en friche, en pâture, dont l'entretien ne coûte rien.

En général tout se compense: la mauvaise terre ne trouve, comme la bonne, des acquéreurs, & des cultivateurs, que parce qu'il y a sur l'une comme sur l'autre, une proportion secrette, mais très-réelle, entre les produits & les travaux qui les arrachent; cette proportion n'est pas l'égalité, je l'avoue: dans ce qui reste après la défalcation, soit des frais, soit de l'impôt, il y a au contraire une inégalité énorme! Mais n'y étoit-elle pas auparavant? Mais 400 n'est-il pas à 70, précisément, rigoureusement, mathématiquement, comme 40 est à 7? Comment de bons esprits se refusent-ils à une démonstration aussi palpable? Vos propriétés resteront à une distance infinie l'une de l'autre; mais c'est parce que la nature l'a voulu, & non parce qu'on les aura soumises toutes deux à une même sorte de contribution.

Vous vous plaignez de l'inflexibilité de la *dixme roiale*: eh! ce qui me la fait au contraire admirer,

admirer, c'eſt la docilité avec laquelle, ſans effort, ſans contrainte, ſans *cadaſtre*, ſans *rôles*, ſans déclarations, elle s'ajuſte à toutes les qualités de terre, à toutes les eſpèces de récoltes; ce ſont les *bottes de ſept lieues* qui alloient d'elles-mêmes à toutes ſortes de jambes.

Dans un excellent païs elle rendra beaucoup ſans ſurcharger l'heureux propriétaire: dans les marais & les bruières, elle ne l'enrichira pas, mais elle ne l'opprimera pas non plus : ſi elle vient lui enlever une portion du peu de ſubſiſtance que la Providence ſemble laiſſer à regret échapper juſqu'à lui, au moins il n'y aura, dans cette exaction, de dureté, que celle de l'exaction en elle-même : on n'y joindra point la néceſſité d'une métamorphoſe impoſſible : on ne fera pas pourrir en priſon un *Limouſin* pour n'avoir pas eu les facultés de *Midas*, & n'avoir pu changer ſes chatâignes en or.

Premier point évidemment démontré, ce me ſemble : la *dixme roiale*, par elle-même, n'aggrave point la ſituation du cultivateur : au contraire, elle la ſoulage, autant qu'il eſt poſſible de concilier enſemble ces deux idées de *ſoulagement* & d'*impôt*.

Mais dira-t-on, ſoit : la *dixme roiale* ne change rien à l'état où elle trouve les ſujets : & c'eſt en cela même encore qu'elle eſt inégale. En enlevant beaucoup au riche, elle ne lui fait pas à beaucoup près autant de mal qu'au pauvre : même en ſe proportionnant à leurs facultés effectives, elle écraſe l'un, tandis qu'à peine elle inquiète l'autre; puiſque celui-ci en donnant deux fois plus, ſe retrouve avec 274 gerbes ſur 400, tandis que celui-là, en perdant deux fois moins, en conſerve à peine 24. Le Gouvernement ne doit-il pas avoir égard à cette différence des réſultats? N'eſt-ce pas à la politique à rétablir l'équilibre que la nature a pour ainſi dire rompu entre ces deux terrains? Et puiſque le *Normand* en paiant 100, 150 gerbes ſur ſes 400, ſeroit encore infiniment plus riche que le *Champenois* affranchi de toute contribution, n'eſt-ce pas du côté du premier qu'il faut appeſantir le fardeau, en le diminuant à la décharge du ſecond?

Voilà comment les meilleurs motifs même peuvent amener des erreurs : voilà comment des intentions droites en politique peuvent avoir des effets funeſtes! La bonté du cœur n'eſt pas toujours un préſervatif contre les mépriſes, & ceci en eſt un exemple : c'eſt préciſément dans ce rétabliſſement d'un équilibre apparent qu'il ſe trouveroit une très-grande inégalité.

Ce miſérable have, & languiſſant qui égratigne la croûte des champs d'*Attila*, & qui en tire à peine une fois en trois ans quelques tiges de ſarraſin, ou d'avoine ſans ſubſtance, vous inſpire de la pitié; vous avez raiſon : mais ce cultivateur vermeil, à qui un ſol gras & profond aſſure dans le pays de *Caux* une ſource inépuiſable de récoltes non interrompues vous inſpire de l'envie, & vous avez tort.

Vous oubliez un point important; c'eſt qu'après tout, ils retirent tous deux un intérêt à peu près égal de l'argent qu'ils ont mis chacun à leurs acquisitions respectives.

Il n'y a plus aujourd'hui de possession qui n'ait été acquise à prix d'argent, ou du moins qui ne représente une somme quelconque : dans l'évaluation certainement on a fait entrer la fécondité naturelle du sol, & le montant des frais nécessaires pour l'aider & l'entretenir. Une ferme de cent arpens en *Normandie* rendra mille écus & n'en coûtera pas cinq cens d'exploitation ; je le veux, mais aussi elle tient lieu au propriétaire d'un capital de cent mille francs, & quelquefois plus : un domaine de 600 arpens en *Champagne* rend à peine la même somme en revenu, & en absorbe une double, triple, quadruple, je le suppose, en frais d'exploitation, mais aussi pour en devenir le maître, on n'a pas déboursé soixante mille francs, peut-être pas quarante.

Ce qu'il en coûte de plus au second propriétaire pour sa culture, n'est réellement que la compensation juste & nécessaire de l'épargne qu'il a faite sur le prix originaire du fonds, & le premier n'a été si prodigue dans le contrat, que parce qu'il a très-bien su que la terre l'en dédommageroit en exigeant de lui de moins fortes avances : ainsi c'est précisément l'égalité apparente de l'impôt, combinée avec l'inégalité supposée du produit, qui rétablit entre eux l'équilibre que toute autre manière de lever les contributions détruit sans ressource.

Je ne sais si je me trompe, si je m'aveugle sur toutes ces idées, mais elles me semblent d'une évidence palpable : encore une fois, ma surprise est de voir qu'elles aient été si long-tems méconnues, qu'on ait persisté jusqu'à présent à faire illusion aux gouvernemens sur ces principes essentiels de toute régie fiscale. Affamés comme ils le sont toujours d'argent, il a été facile de les engager à pressurer par préférence tout ce qui leur en promettoit ; on leur crie, vous ne pouvez en prendre que dans les endroits où il y en a : & en conséquence, sous prétexte de ménager les campagnes stériles, qui en effet produisent peu, on les engage à centupler les charges sur les contrées plus favorisées de la nature. Qu'arrive-t-il ? Qu'on épuise le bon païs, sans fertiliser le mauvais : l'Etat est également ruiné par sa compassion comme par sa dureté. (1)

Aussi, en général, & sur-tout en *France*, ce qu'on appelle les mauvais terrains, ces friches qui sont le scandale des exacteurs, & l'écueil de l'agriculture, sont les asiles qui récelent les habitans les moins malheureux : elles offrent, en apparence, le spectacle du dénuement, & sont le vrai séjour du bonheur (toujours du bonheur compatible dans nos institutions *gothiques* & cruelles, avec le nom & l'état de *païsan.*)

Le mépris qu'on fait d'eux les sauve de l'oppression : ils ont du bois l'hiver, parce que leurs

---

(1) Voiez le Mémoire sur l'*Imposition* territoriale : cité ci-devant page 6. On exigeoit le *vingtième* des bonnes terres, le *quarantième* des mauvaises ; pourquoi cette différence ?

terres ne se couvrent que d'épines, dont les riches rougiroient de nourrir leurs brasiers : ils ont des pâtures pour leurs bestiaux, parce qu'il en coûteroit trop pour arracher les genêts, les génevriers dont elles sont remplies : ils recueillent des fruits qu'on dédaigne trop pour les leur envier : ils ont presque tous en propriété un coin de ce sol aride, ou noié, dont l'opulence fuit la sécheresse, ou les exhalaisons.

Sans la *gabelle* qui les force à donner un argent qu'ils n'ont pas; sans le *tabac*, douceur funeste qui les épuise encore du peu qui transpire jusqu'à eux de ce métal; sans les *aides* qui les dégoûtent souvent de planter des vignes, dont il faudroit paier le droit de pressurer, de boire le jus, ce seroient les seuls individus fortunés de ce grand Roiaume; aussi les sauvages des *Landes*, ceux des *Pyrénées*, ceux des *Alpes*, que la *gabelle* & les *fermes* n'ont pas encore atteints, n'ont-ils à envier la situation d'aucun de leurs voisins.

Mais les cultivateurs de ces terres fécondes où *Cérès* verse ses dons avec tant de prodigalité, sont les plus infortunées créatures qu'il y ait sur ce globe. La misère & son horrible escorte les dévorent, tandis que leurs sueurs se changent en argent pour leurs impitoiables propriétaires, ou pour les fermiers non moins avides qui les représentent. Le sol est trop précieux pour en rien laisser en pâture; (1) il est trop cher pour

(1) Depuis quelques années on a réalisé de toutes parts, & la jurisprudence qui donne aux Seigneurs le tiers des communes, & le sistême qui conseille le *défrichement* de

que le plus grand nombre des habitans puiſſe aſpirer à s'en approprier le moindre rideau : tout eſt couvert autour d'eux, ou de moiſſons dont leurs beſtiaux, quand ils en ont, ne peuvent approcher ſans crime, ou de parcs ſuperbes dont les murailles les repouſſent; cette vache exténuée, ce mouton ſans vigueur ſont réduits à l'herbe des grands chemins où ils ne peuvent même ſe haſarder qu'enchaînés, aux feuilles des forêts, dont ſouvent les gardes leur ſont un piège, & que leurs maîtres expirans d'inanition dans les *chertés*, leur diſputent quelquefois; les uns & les autres ne perpétuent ſur ces ſillons fécondés par leurs larmes, que des races languiſſantes, & des générations avilies.

C'eſt ce qu'on peut remarquer dans la *Picardie*, dans la *Beauſſe*, dans la *Touraine*, &c. Si les villes depuis quelque tems ſur-tout, y acquièrent à grands frais un extérieur de propreté qui flatte, les villages y offrent une réalité d'indigence, de ſaleté, d'abattement, de douleur qui déchire l'ame : il eſt fort douteux que les huttes des *Hottentots*, ou les ſouterrains des *Lappons* aient rien de plus rebutant en tout ſens que les taudis dont les ieux des voiageurs ſont affligés ſur nos plus grandes & nos plus belles routes.

---

ces *communes*; on en fait le patrimoine de quelques intriguans favoriſés : mais ce n'eſt que dans les bons païs que l'on fait à la Juſtice ce dernier affront, & qu'on enleve à l'indigence cette dernière reſſource. Voiez ſi c'eſt dans les *Landes*, dans les *Pyrénées*, que ces oiſeaux voraces vont établir leurs aires.

Cessons donc de juger des choses sur des apparences trompeuses : cessons de calomnier une opération politique, bienfaisante par essence, équitable par sa nature, & la seule qui s'adapte sans aucune espèce de précaution postérieure, soit aux différences des terrains, soit aux facultés effectives des sujets, soit aux détresses des Gouvernemens.

Ce que je viens de dire n'a pas pour objet sans doute de prouver qu'il faille opprimer les montagnards de l'*Auvergne*, plutôt que les riverains de la *Garonne*. Sans doute l'inépuisable *Neustrie* doit au fisc une pâture plus abondante que les marais de la *Salogne*, ou les déserts de la *Thiérache*; mais dans cette différence même, il faut de la proportion, & une balance exacte. Le Prince doit à tous ses sujets une protection égale, une justice égale : & puisque l'Etat a des besoins, puisqu'il faut absolument les assujettir à un fardeau quelconque, il leur doit aussi de le proportionner exactement à leurs facultés, à la part réelle qu'ils ont, soit aux produits de la terre, soit à la valeur qu'y ajoutent le commerce de l'industrie. Or, je ne vois que la *dixme roiale* qui puisse établir cette balance, au moins dans les campagnes.

§ VI.

TROISIEME OBJECTION. Eſt-il vrai que l'Impôt TERRITORIAL ſoit un impôt deſtructeur, & propre à inſpirer l'effroi ?

UN impôt n'eſt point une grace, ni une taxe une faveur : ainſi j'ai eu tort je l'avoue, de dire que ſous l'empire de la *dixme roiale* on *danſeroit* en voiant emporter ſes gerbes : l'hyperbole eſt trop forte, comme on me l'a obſervé agréablement dans une des lettres auxquelles j'ai répondu dans le tems. Si jamais cette forme de ſubvention s'introduiſoit dans un Roiaume, on pourroit bien appeller des violons pour la recevoir, mais non pour la paier.

Cependant de ce que l'aſpect du décimateur n'inſpireroit pas des tranſports de joie bien vifs, s'enſuit-il qu'il répandroit par-tout l'allarme & l'effroi ? Preſque tous les Mémoires manuſcrits & imprimés que j'ai vus, ſemblent ſuppoſer que la *dixme roiale* deviendroit l'épouventail & le fléau des campagnes. J'oſerois demander en quoi & pourquoi ? Qu'a-t-elle donc de ſi funeſte ?

Le ſeroit-elle plus que ces *bullettes* pour le *ſel* qui conduiſent en priſon le miſérable dénué d'argent pour les acquitter, & aux *galères*, quelquefois au *gibet*, l'autre miſérable qui va chercher en *Artois* de quoi les éluder en *Picardie* ? Le feroit-elle plus que ces *gardes* qui, fous prétexte de découvrir une once de tabac de contrebande, battent les campagnes en troupes, & armés, conftitués ainfi maîtres de la vie & de la fortune des voiageurs; qui affiègent les portes des villes & ne laiffent entrer ni fortir perfonne fans lui faire le plus infupportable des affronts; qui ont le droit de violer l'afile le plus facré de la propriété par la fouille des maifons, & celui de la décence, de la pudeur, par celle des perfonnes; & dont la miffion a pour objet de faire paier par les *François* quatre francs la livre, ce que la ferme achete fix fols de leurs ennemis? Le feroit-elle plus que ces Huiffiers autorifés à contraindre, à faifir, à charger de fers le malheureux qui, n'aiant qu'un écu, a préféré de l'emploier à acheter du pain pour fa famille, plutôt que d'aller acquitter fa *cotte* chez le *collecteur*; ou le collecteur qui n'aiant pas eu le cœur affez féroce pour faire vendre la paille demi pourrie, fur laquelle la femme de fon voifin vient de donner un fujet à l'Etat, & les lambeaux dont elle enveloppe fon enfant à la mamelle, eft traîné lui-même en prifon, faute d'avoir de quoi faire les *deniers bons* du rôle de fon village?

Sans doute il feroit toujours un peu dur de voir le receveur de la *dixme roiale* venir, comme dit l'Evangile, *recueillir où il n'a pas femé*; mais dès que c'eft dans l'état actuel des fociétés, des Gouvernemens, une calamité inévitable; dès qu'elle a lieu dès à préfent, & que dans l'exercice le plus rigoureux, le plus abufif de fes droits, le décimateur ne feroit tout au plus que ce que font dès à préſent les vampires impitoiables dont il prendroit la place, l'idée de la gêne qui réſulteroit pour l'agriculture de la ſorte de déprédation qui en feroit la ſuite, n'eſt donc pas une raiſon pour l'exclure.

Il ne s'agit plus que de ſavoir, ſi en effet la *dixme* avec le toiſage ſon acceſſoire, c'eſt-à-dire *l'impôt* TERRITORIAL, feroit auſſi accablante, auſſi vorace que le ſont la *capitation*, la *taille*, le *taillon*, l'*induſtrie*, les *gardes-côtes*, le *tabac*, les *aides*, le *pied fourché*, le *dixième*, le *vingtième*, les *ſols pour livre*, les *grandes gabelles*, les *petites gabelles*, les *grands devoirs*, les *petits devoirs*, les *courtiers jaugeurs*, les *Officiers contrôleurs de la marchandiſe de foin*, les *droits rétablis*, les *droits réunis*, &c. &c. &c. & tant d'autres exactions dont les noms feuls ſont une charge pour la mémoire.

Il y a des pays où la *taille* avec ſes dépendances va à environ moitié du produit des beaux, ſur-tout ſi le cultivateur eſt propriétaire lui-même : mais ne la ſuppoſons avec les acceſſoires qui en ſont inſéparables qu'au *tiers* de ce produit. Le bail eſt communément auſſi du tiers du rapport total de la terre; ainſi la *taille*, le *taillon*, l'*uſtenſile*, &c. enlevent au fermier le 9e. de ce que l'exploitation lui rend; ce n'eſt aſſurément pas forcer le calcul. Quand on n'évalueroit tous les autres droits dont je viens d'exquiſſer la ridicule & effraiante nomenclature, qu'au double de la taille, ce feroit donc un tiers de la totalité. La *dixme roiale* au 10e. ſera donc encore infiniment plus douce : & si les besoins publics forcent de la pousser plus loin, d'étendre davantage la contribution, d'adapter au subside le 6e. le 5e. du produit, n'aura-t-on pas encore lieu de s'en applaudir, ou du moins de s'en consoler, en songeant à l'état actuel des choses ?

N'est-il pas démontré qu'aujourd'hui il s'échappe par toutes ces routes détournées que l'on a pratiquées autour de nous, par ces canaux spongieux & perfides, qui interceptent, ou pompent nos propriétés, au moins un *quart* de nos revenus réels ? Y a-t-il en *France*; & peut-être dans le reste de l'*Europe*, hors la *Suisse*, contrée privilégiée à cet égard, un seul homme qui ne consentît à s'abonner avec les exacteurs des tributs, pour jouir paisiblement du reste de sa fortune, en leur en abandonnant la *quatrième* partie ? (1) Combien de tems, d'embarras, de perplexité cependant, avant qu'un seul Souverain osât pousser jusques-là le subside dont il s'agit ici ?

---

(1) En *Angleterre*, d'après une loi exécutée dans une grande partie du Roiaume, les terres sont taxées à *quatre schillings* de leur produit, sur la livre sterling, qui en contient *vingt*. C'est donc un 5me de leur *produit net*; & si l'on songe à l'énormité des autres taxes accumulées dans ce pays *libre*, dont les propriétaires qui supportent celle-là, ne sont pas plus exempts que les autres citoiens, on conviendra qu'un *Anglois* gagneroit à abandonner la moitié de son revenu, au Gouvernement, pour jouir en *franchise* de l'autre moitié.

C'eſt en les forçant de déguiſer leurs demandes ſous tant de noms différens, qu'on a débarraſſé les Rois du remords, & les miniſtres de la pudeur, en *Finance* : la vraie ſauve-garde des peuples contre les exactions ſeroit que le nom ſeul de l'impòt en indiquât la peſanteur. Si la *dixme roiale* étoit jamais adoptée, comme l'exemple n'en pourroit être donné que par un Monarque bienfaiſant, & un Miniſtre éclairé, je ne crains pas de les inviter d'avance à recommander à leurs ſucceſſeurs, ou imitateurs, quand ils en changeroient la quotité, d'avoir ſoin auſſi d'en changer l'indication vocale. Quand on leveroit le 8e. le 6e. il faudroit bien ſe garder de parler de *dixme* : il faudroit avoir la candeur de déſigner la ſubvention par ſon vrai nom : ce ſeroit l'encouragement le plus efficace à l'économie, & le plus puiſſant préſervatif contre les augmentations.

Pour achever de diſſiper tous les ſcrupules ſur les effets de la *dixme roiale*, quant aux *campagnes* & à l'*agriculture*, préſentons-en un tableau détaillé & circonſtancié : en ce genre c'eſt aux ieux autant qu'à la raiſon qu'il faut parler. Quand même les ſuppoſitions ne ſeroient pas tout-à-fait exactes dans la rigueur mathématique, elles ont cependant l'avantage de fixer l'eſprit. Quand la théorie générale d'une vérité eſt une fois ſaiſie, il eſt bien facile de ne point commettre d'erreurs dans l'application.

Suppoſons donc un propriétaire qui tire par an de ſes domaines à la *campagne* . . . 10-000 l.

Il a fallu pour lui rendre ce revenu liquide que la ferme produisît au moins . . . . 30-000 liv.

Combien l'impôt dans la forme actuelle en enlève-t-il? Le 9e. pour la *taille*, &c. au moins . . .	3-300	4-800
Sur le bénéfice personnel du *fermier*, ses *consommations*, &c. au moins	1-500	

Ainsi aujourd'hui une somme de 30-000 liv. arrachée d'une métairie est donc chargée à la *campagne même*, à sa source, avant que d'arriver au propriétaire, d'environ 5-000 livres envers le Roi : par la *dixme roiale* établie au 10e. elle ne le sera que de 3-000 liv. Fallut-il, pour établir entre la recette du fisc & ses dépenses la proportion exigée par ses besoins actuels, aller jusqu'au 6e, cette même somme ne paieroit encore que . . . . 5-000 liv. Et toutes les espèces d'ignominies actives & passives dont se composent les malheureuses contributions d'aujourd'hui disparoitroient.

Ainsi le plus grand excès de la *dixme roiale* seroit de ramener les choses au point où elles sont, quand au fonds du tribut; mais elle en épargneroit au moins l'odieuse forme. Seroit-ce donc acheter trop cher, dans ce cas extrême, le repos, & la réhabilitation universelle? Qui de nous ne sacrifieroit pas volontiers le double peut-être de ce qu'il paie actuellement pour être exempt ſeulement de la fouille des portes, de l'inſolence de ces ſuppôts de la ferme, qui commencent par exiger votre affirmation ſur ce que contiennent vos bagages, & finiſſent par les fouiller, c'eſt-à-dire, qui vous parlent comme à d'honnêtes gens, & agiſſent comme avec des impoſteurs?

Quelle eſt donc l'eſpèce de deſtruction que pourroit produire une ſemblable réforme? Serons-nous donc toujours dupes des mots & des apparences! Enfans crédules, faudra-t-il toujours nous tromper pour nous tranquilliſer, & préférerons-nous ſans ceſſe le témoignage de nos ieux à celui de notre raiſon? Parce que ſur un tas de 200 gerbes le décimateur *laïque* en emportera ſous la main du moiſſonneur *vingt* tout-à-la-fois, voilà le ſcandale & l'allarme qui tournent toutes nos têtes. Nous ne ſongeons pas que ſi le tas entier rentre dans la grange: il y eſt attendu par des légions d'inſectes fiſcaux qui en dévoreront la moitié, & infecteront le reſte, tandis que par le léger ſacrifice offert ſur le ſillon même, nous nous délivrons à jamais de cette vermine ruineuſe.

On parle encore des frais de perception! Mais n'ai-je pas répondu à cette objection? N'ai-je pas dit le mot déciſif en obſervant qu'à quelque ſomme qu'ils montent, ils n'égaleront jamais ceux de la perception compliquée qui nous écraſe aujourd'hui, & qu'il en coûtera toujours moins au Roi pour tranſporter nn charriot de bled dans la grange de ſon receveur, que pour faire paſſer un écu de la poche d'un financier dans la ſienne.

Et quels seront donc ces frais si ruineux ? Si la *dixme* est mise en *ferme* pour chaque communauté, comme ce seroit sans contredit le plus sûr & le plus sage, & adjugée tous les six, ou tous les neuf ans, avec la certitude d'une jouissance paisible, on peut être sûr, je le répète, que les preneurs seront des habitans du lieu; ils en connoîtront mieux le vrai produit : on sera moins tenté de les tromper. Ils pourront toujours donner du bail un meilleur prix que des receveurs étrangers. Ce sont eux-mêmes, ce sont leurs enfans qui recueilleront les gerbes : ce sont leurs chevaux qui les voitureront à la grange : ils n'auront à paier ni *Compagnie fiscale* établie à *Paris*, ni *Directeurs* particuliers dans les villes, ni *Receveurs*, *Contrôleurs*, *Inspecteurs*, *Gardes*, *Commis*, ambulans ou sédentaires, à pied ou à cheval; ils seront leurs propres régisseurs, & leur plus fort bénéfice sera dans l'épargne de ces salaires, aussi onéreux maintenant que multipliés.

Aujourd'hui même, dans les campagnes, quand un Curé *décimateur* veut affermer ses droits, quand un Seigneur veut donner ses *champarts* à bail, il n'est pas rare de voir des laboureurs du canton en rendre plus qu'aucun des prédécesseurs n'en a tiré, plus peut-être qu'ils ne valent reellement : ils y sont déterminés par l'avantage inestimable de pouvoir, en recueillant plus de pailles, & sans détourner leurs charrues, ou multiplier leurs chevaux, augmenter leurs fourages, leurs bestiaux, leurs fumiers, & par conséquent les autres produits de leurs terres. Pourquoi le même ſpéculation n'auroit-elle pas lieu pour les *dixmes roiales*, que pour les *dixmes eccléſiaſtiques*? Et d'où viendroient donc ces frais ſi accablans?

Sans doute il faudroit quelques années pour établir dans tout cela un ordre sûr & invariable, pour prévenir les monopoles dans les adjudications; pour empêcher les *Intendans*, ou du moins les *Secrétaires*, d'en diſpoſer arbitrairement; pour arriver à la valeur conſtante & connue de ce que l'on affermeroit: mais le principe une fois adopté, les ſecours ſeroient ſi nombreux, l'empreſſement des peuples rendroit l'opération ſi facile, le ſoulagement univerſel deviendroit ſi ſenſible que les obſtacles s'applaniroient d'eux-mêmes, & peut-être la ſeule opinion de la fermeté du Miniſtère ſuffiroit pour les faire tous diſparoître.

Enfin toutes choſes égales d'ailleurs; à ſuppoſer la *dixme roiale* auſſi onéreuſe dans tout le reſte, auſſi cruelle, auſſi abſorbante que toutes les pillarderies dont la raiſon gémit autant que l'humanité, il faudroit encore la préférer, par cela ſeul qu'au moins il ne peut y avoir ni delais dans la perception, ni non-valeurs, ni augmentations arbitraires, ni tirannie humiliante, & qu'elle met à la voracité du fiſc des bornes inconnues, & impoſſibles à poſer dans toute autre eſpèce de perception.

QUATRIEME

§ VII.

Quatrieme objection. Si la dixme roiale peut être réputée* nuisible *par cela qu'elle affecte la totalité des produits de la terre sans égard aux avances de la culture; & s'il est vrai qu'un impôt ne doive porter que sur le PRODUIT NET.

CETTE objection est dûe aux Philosophes qui se sont eux-mêmes donné parmi nous le nom d'*Economistes*: c'est un des dogmes sur lequel ils se sont le plus violemment échauffés: ils ne veulent point, disent-ils, de la *dixme roiale*: cependant ils prêchent, & même avec fanatisme, un impôt *unique & territorial*, ce qui semble ne différer que par le nom; mais en quoi ils s'écartent réellement des idées de M. de *Vauban*, & de la raison, c'est que dans la répartition de cet impôt il faut commencer, suivant eux, par en affranchir tout ce qui n'est pas bénéfice liquide pour le *cultivateur*, & n'appliquer aux besoins de l'Etat qu'une portion du superflu de cet heureux sujet.

Certainement c'est une bisarrerie peu commune qu'une association d'hommes éclairés d'ailleurs aiant saisi & embrassé l'idée du monde la plus simple, celle d'une taxe unique & uniforme, elle soit venue à bout de l'embrouiller, à force de vouloir l'éclaircir, au point de la rendre absurde & inintelligible; & qu'en combattant en apparence pour la faire admettre, elle n'ait réussi à présenter un peu distinctement que les motifs capables de la faire rejetter: c'est tout ce qui résulte de plus clair de leurs éternelles déclamations sur cet objet. En réduisant l'impôt *unique* à une légère portion des gains du propriétaire, ils ont autorisé les Gouvernemens à regarder leurs promesses comme des chimères.

Aussi ont-elles été autentiquement dédaignées en 1787. L'assemblée de *Versailles* de cette année a confirmé solemnellement ce que j'avois pronostiqué en 1778, à ce sujet: mais comme il se pourroit que la décision presque unanime des NOTABLES *François* dénuée des motifs qui la justifient ne subjuguât pas tous les esprits, à leur autorité joignons celle du raisonnement. Ils ont très-bien vu que la *dixme* levée uniquement sur le *produit net*, & associée à toutes les autres mangeries qui exténuent déja en tant de façons ce produit, ne seroit qu'une source d'incertitudes, de débats, de chicannes, de véxations nouvelles; que ce ne seroit qu'une surcharge illimitée, quant à ses mauvais effets, quoique infiniment bornée dans son rapport. Voions donc si la restriction *philosophique* dont il s'agit a quelque fondement, & si le *produit net* doit seul être la mesure de l'*Impôt* TERRITORIAL.

Sans cette modification salutaire, a-t-on dit, une taxe telle que la *dixme roiale* se percevroit non-seulement sur les revenus, mais sur les fonds mêmes: étant levée sur le produit total d'une terre, sans égard aux frais, & avant la rentrée en frais, elle aura toujours un effet funeste, même en la proportionnant à la quotité de ce produit, parce qu'enfin *ces frais ne sont pas une richesse*; & que prendre une dixme effective sur une masse imaginaire, c'est attaquer l'abondance, la réproduction dans sa source; c'est énerver le capital du cultivateur, & lui ôter les moiens de vaquer à son exploitation, si elle est dispendieuse, comme dans le cas du tableau ci-dessus; si elle excède le rapport, comme cela peut arriver souvent, ce sera commettre envers lui un vrai larcin.

Il y aura dépensé pour ses six mauvais arpens . . . . 300 g.

Il n'en aura recueilli que 200

Si vous lui en prenez sur cette récolte pour les deux dixmes 38

Il ne lui en reste que 162

Il en perdra donc réellement sur ses avances 138
& en deux ans de pareille culture, il sera ruiné.

D'abord on peut faire à cette objection la réponse générale que j'ai déja emploiée plusieurs fois: c'est que cet inconvénient, si c'en est un, est commun à toutes les défectueuses constitutions actuelles, comme à la réforme proposée: si celle-ci, avant ce seul vice, offre d'ailleurs des avantages réels dont les autres soient privées; elle n'en mériteroit pas moins la préférence. Vous avez un soulier mal fait qui vous estropie; si l'on vous en présentoit un, qui sans avoir plus de grace extérieure, vous mît au moins le pied à l'aise, il me semble qu'il n'y auroit pas à hésiter sur le choix.

Il n'y a guère que deux cas où la récolte puisse être réellement au-dessous des *avances* de la culture, & de l'*Impôt*; celui des calamnités extraordinaires de la nature, ou celui d'un *défrichement* indiscret. Le premier sous toutes les autres régies fiscales arriveroit de même : mais il n'y en a aucune qui opère un soulagement aussi prompt, & même plus rapidement une décharge absolue que la *dixme roiale*.

Sans *requête*, sans *élus*, sans supplication au *Commissaire départi*, & sur-tout à ses *Secrétaires*, sans mouvemens, sans bassesses, sans sacrifices, l'inspection seule du fait assure l'exemption de l'impôt. Si la *grêle* ne vous a laissé que dix gerbes, & dix pièces de vin, vous en donnez une à M. le Receveur, un peu moins à M. le *Curé*; il vous en reste huit. Si vous n'avez rien du tout, vous ne paiez rien : mais sous tout autre joug, avant l'ordonnance qui vous absout, il faut paier : il faut arracher de l'argent de ce sol qui n'a pas même rendu de paille. L'indemnité, ou plutôt la diminution de charge quand elle arrive, est pour l'année suivante, qui peut être sujette aux mêmes fléaux, & exigera les mêmes avances.

Si au contraire votre dénuement lors de la moisson est le fruit de l'imprudence; si vous avez semé sur un sable aride, ou dans une boue noiée, vous n'avez à vous en prendre qu'à vous-même de l'inutilité de vos efforts, & cependant la *dixme* respecte même votre bonne volonté : l'exacteur se retire à l'aspect de votre désastre ; ce n'est jamais, qu'on me pardonne encore cette saillie d'un cœur pénétré de la vérité du principe, ce n'est jamais qu'à des visages contens qu'il se présente : ce n'est que l'abondance qu'il vient partager. Sous tous les autres régimes, c'est précisément la misère qu'il tourmente : il prend à celui qui n'a pas : le décimateur au moins ne demande qu'à celui qui a.

De ce côté-là donc, même avec un inconvénient commun, celui de ne pas s'arrêter à la discussion du *produit net*, le sistême de M. de *Vauban* offriroit des avantages que tous les autres n'ont pas : mais ensuite le principe *économique* en lui-même est-il fondé ? Ce caractère sacré imprimé à ce que l'on appelle *avance* dans cette école, ce dévouement exclusif du *produit net* aux contributions publiques, ne sont-ils pas autant de méprises dont la profondeur de leurs méditations n'a pu garantir ces singuliers Philosophes ? Que signifie ce mot de *produit net*, devenu ridicule par l'affectation avec laquelle on l'a répété, sans jamais en assigner la nature, ou les bornes ?

Supposons deux Particuliers qui aiant chacun 100-000 livres à placer, les emploient, l'un en rentes, l'autre à l'acquisition d'une métairie, l'un tirera de son contrat annuellement de l'*argent* ; l'autre de son domaine du *bled*, du *vin*, du *foin*, de l'*huile*, &c. dont il fera également des eſpèces, ſoit qu'il les vende, ſoit qu'il les afferme. Mais tout ce qui proviendra de la terre comme du parchemin, ſera également le fruit de la première miſe : tout ce produit doit donc également une contribution à l'Etat. Pourquoi y auroit-il à cet égard quelque différence entre le campagnard & le citadin ? Quels que ſoient les revenus qui réſultent de l'emploi de cent mille livres, ils en repréſentent l'intérêt : pourquoi donc faire dans un de ces intérêts une diſtinction qu'on ne fait pas dans l'autre ?

Mais, dira-t-on; il y a bien de la différence : le *rentier*, quand une fois il a ſigné ſon acte, & livré ſes deniers, n'a plus aucune ſorte d'avance à faire : ſes cinq mille livres lui arrivent franches ſans embarras, ſans dépenſes de ſa part; au-lieu que moi, cultivateur, après la première miſe de l'acquiſition, j'en ai une ſeconde non moins eſſentielle, celle de l'exploitation : c'eſt ſur celle-là que portent tous les riſques, & c'eſt elle qui doit me rentrer affranchie de toute eſpèce d'impôt; n'y a-t-il pas aſſez d'autres dangers auxquels elle reſtera encore expoſée ?

L'or que le laboureur ſeme ſur ſes ſillons, il n'eſt pas toujours certain de le retirer : pour faire évanouir cette richeſſe, il ne faut qu'une *grêle*, une *gelée*, une inondation de *vers*, de *mulots*, ou d'autres inſectes. Si vous levez l'impôt ſur la maſſe totale du produit ainſi affoibli, vous riſquez de l'abſorber en entier, & alors, comme on l'a dit ci-devant, ce n'eſt plus le revenu ſeulement que vous décimez, mais la propriété ellemême que vous attaquez.

Voilà ce que l'on dit : mais comment peut-on le dire férieufement ? En eft-il donc de l'acquifition, de l'exploitation d'une terre, comme de l'établiffement d'une manufacture, d'une fpéculation du commerce ? Dans celle-ci un entrepreneur hafarde fon argent fans autre fondement de fes efpérances que la probabilité du fuccès, & le défir qu'il a de réuffir, avec fa confiance, foit dans l'induftrie des mains qu'il emploie, foit dans fa propre activité, & fon intelligence, mais fouvent auffi la réalité de ces fuccès dépend de la conftance à appliquer pendant plufieurs années le produit entier des premières ventes : elles ne font au fonds par ce moien que des rentrées fictives, & une circulation, plutôt qu'un intérêt, du capital ; il eft évident que fi le Gouvernement prétendoit les foumettre à la *dixme* ; qu'il enlevât pendant cette enfance, cette nullité de l'établiffement, une portion de la fubftance indifpenfable pour l'alimenter, il commettroit en effet à la fois une imprudence, & une injuftice. C'eft-là le cas où pour être équitable & conféquent il faudroit qu'il s'aftreignît à la loi du *produit net*, & qu'on pourroit lui dire, » pour le décimer attendez qu'on fache s'il y » en a. »

Mais eft-ce là celui dont il s'agit ici ? Les biens-fonds, cette richeffe feule digne du nom de richeffe, ou du moins de richeffe folide, préfentent-ils cette incertitude & cette dépendance ? Tout capitalifte qui achete une terre, comme tout fermier qui entreprend de l'exploiter, fait fon calcul avant que de figner fon contrat, ou ſon bail, comme l'acquéreur de la rente conſtituée. L'un & l'autre connoiſſent à merveille, ou d'après les titres qu'on leur communique, ou d'après leurs informations, le revenu de l'objet dont ils traitent. L'un & l'autre ont eu des prédéceſſeurs : ce n'eſt pas une fabrique nouvelle qu'ils créent, ni une induſtrie inconnue qu'ils haſardent : ils ont des données ſûres d'après leſquelles ils ſe dirigent : les accidens poſſibles, probables, infaillibles même, ils les ont prévus, & ſupputés. Les frais d'exploitation, les charges réſultant des impôts, ne leur ont pas échappé : c'eſt ſur le *produit net* d'une *année commune*, que le fermier a fixé ſa redevance ; c'eſt ſur l'engagement du fermier que le capitaliſte a proportionné ſon offre, le prix ſtipulé dans le marché.

Toute la différence qu'il y a entr'eux, & les rentiers, c'eſt qu'en général l'intérêt de l'argent n'eſt pas ſi fort pour les premiers que pour les ſeconds : il y a bien des raiſons qui motivent, qui même juſtifient cette différence, mais le développement en ſeroit inutile ici : ce qui doit uniquement nous occuper en ce moment, c'eſt que la conſidération de l'impôt à paier, comme des avances à faire, & des riſques à courir eſt entrée dans l'évaluation d'après laquelle toutes les terres qui exiſtent aujourd'hui ont été acquiſes, & admodiées.

Voilà l'état actuel des choſes ; & dès que malgrè cette déduction elles rendent conſtamment un intérêt quelconque, un bénéfice réel, il n'eſt donc pas vrai que la ventilation du *produit net*, ſoit indiſpenſable : il n'eſt pas vrai qu'un impôt ſoit néceſſairement deſtructeur par cela ſeul que dans ſon aſſiette, on épargne au répartiſſeur, & au contribuable, cet examen minutieux, inutile en lui-même, qui ſeroit auſſi fatiguant pour tous deux qu'impoſſible à exécuter. (1)

Malgrè toutes les déclamations, dont pluſieurs ſont fondées, ſur l'aviliſſement de l'agriculture, il y a cependant à cet égard un principe général, & conſtant; c'eſt qu'en quelque pays que ce ſoit, la terre nourrit celui qui la cultive, comme *propriétaire* du moins, ou comme *fermier*, qui à cet égard en a les privilèges. Comme *journalier*, c'eſt autre choſe : cette malheureuſe claſſe qui n'a rien, qui ne tient à rien, qui ne jouit de rien, n'eſt auſſi comptée pour rien : elle riſque ſouvent de périr de faim; elle périt en effet ſur les ſillons qu'elle fertiliſe : j'ai parlé d'elle ci-devant. J'en parlerai encore ailleurs; mais il n'en eſt pas queſtion ici.

Quelque choſe que vous faſſiez : quelque opprimé que ſoit le cultivateur, fut-il *Baniane*,

(1) C'eſt la difficulté ou plutôt l'impoſſibilité de réaliſer utilement cette vérification qui a toujours été, qui ſera toujours un obſtacle invincible au ſuccès des *cadaſtres*; opération diſpendieuſe en elle-même, allarmante par ſes acceſſoires; dont la théorie a ſéduit plus d'un adminiſtrateur bien intentionné, mais dont le réſultat n'en a jamais ſatisfait aucun ; opération qui, par-tout où on l'a tentée a produit plus d'abus, & de plaintes fondées que de reformes.

comme au *Mogol*, *Gaure*, comme en *Perse*, *Arménien*, *Grec*, *Drusse*, comme en *Turquie*; *Anabaptiste*, comme dans une partie de l'*Allemagne*, *Ilote* comme à *Sparte* ; *Païsan*, c'est-à-dire ; le plus avili, le plus misérable, le plus écrasé des êtres à face humaine, comme chez nous, malgrè la stérilité du sol, & les exactions de la politique, il vivra pourvu qu'il soit, ou *propriétaire*, ou seulement *fermier* du terrain qu'il arrose de ses sueurs. (1)

(1) Par une indépendance où je prétends que le cultivateur se soutient toujours, & nécessairement, je ne veux pas dire qu'il soit impossible de le vexer; de le torturer, de lui ôter les forces, l'espérance & la vie. Sans doute il pourroit y avoir des Gouvernemens assez fous pour chercher à écraser même cette classe précieuse, assez aveuglés par les succès éphémères de l'agiotage périlleux & corrupteur, qu'on appelle *commerce étranger*, pour regarder comme une prospérité réelle les richesses empoisonnées qu'il leur rapporteroit, les facultés qu'il leur donneroit de soudoier plus de stipendiaires voués au meurtre, plus d'artistes voués au luxe, plus de suppôts de toute robe, de tout uniforme voués au maintien, à l'extention du despotisme, & en conséquence disposés à porter tous leurs efforts du côté des *Colonies*, des *mines*, des *arts*, des *manufactures*, &c. source de cette abondance imposante, tandis qu'ils dirigeroient toutes leurs rapines contre les cultivateurs de la terre, source bien plus féconde encore, & bien plus avantageuse en tout sens. Mais qu'en conclure? Qu'ils seroient fous & aveugles; qu'ils travailleroient à leur propre perte; que dans les païs agités d'une pareille frénésie le trône suspendu par un fil sur un abime creusé, approfondi de jour en jour par les pleurs, ou la rage des sujets, ne tarderoit pas à y être englouti. Cette administration seroit celle du délire : mais le principe que je pose ici n'en est pas moins vrai. On va en voir encore plus bas le développement & la justification.

Quelles que ſoient les dépenſes de l'exploitation, & la charge de l'impôt, le produit les ſurpaſſera donc toujours, à moins qu'il ne s'agiſſe, comme je l'ai dit, d'expériences, d'entrepriſes haſardeuſes, de défrichemens indiſcrets, ou de calamités imprévues, & heureuſement peu communes. Encore une fois le *propriétaire* avant d'acheter, le *fermier* avant de louer, le *défricheur* avant d'attaquer une lande, feront tous leur calcul : ils examineront s'il y a raiſonnablement lieu d'eſpérer que le *contrat*, le *bail*, ou les nouveaux *ſillons* rendront au moins leurs avances, les *taxes*, & un bénéfice quelconque. S'ils ne doivent pas s'en flatter ils porteront leur argent & leurs ſpéculations ailleurs.

Et ce calcul il eſt auſſi aiſé qu'infaillible. Sous toutes les latitudes de ce globe, il a bien fallu dans l'évaluation ſecrète, inſenſible, mais très-réelle de tous les objets du commerce dans la ſociété, aſſigner aux productions de la terre un prix tel qu'il y eut toujours des mains intéreſſées à la cultiver.

Ce prix, les paſſions des hommes, les caprices de la nature le dérangent quelquefois. Les erreurs des Philoſophes, quand ils ſe mêlent de conſeiller les Gouvernemens ; les mépriſes de ceux-ci qui ſont le fruit de ces conſeils funeſtes, jointes aux différences des récoltes, l'altèrent, le rendent ou plus ou moins avantageux : mais enfin il ſe ſoutient néceſſairement malgrè ces variations, ſans quoi il faudroit que chacun ſe fît laboureur, ou qu'on trouvât moien de vivre d'*étoffes*, de *métaux*, &c.

Voilà un fait inconteſtable, confirmé plutôt que contredit, même par les exceptions : rien n'eſt donc plus inutile que de recommander aux Gouvernemens d'obſerver cette diſtinction entre les *avances* de la culture, & ſon *produit net*, puiſque chaque cultivateur la fait pour lui-même en ſon particulier, & qu'elle ſeroit impraticable de la part de l'adminiſtration.

Mais ce n'eſt pas tout : voici qui pourroit paroître étrange, j'ai preſque dit plaiſant. C'eſt d'après cet axiome que les ſectateurs du *produit net* ont dit anathême à la *dixme roiale* : & ſi entre tous les ſiſtêmes fiſcaux il y en avoit un qui pût aſſurer aux *avances* agricoles cette franchiſe qu'ils revendiquent pour elles; s'il y en avoit un qui ne tombât exactement, & de lui-même, que ſur ce *produit net*, leur chimère & leur idole, ce ſeroit préciſément cette *dixme roiale* qu'ils abhorrent, ce procédé qu'ils excluent comme le plus deſtructeur des fléaux pour les campagnes.

En effet, ſous toutes les autres régies, même celles qui paſſent pour raiſonnables, quoique les cultivateurs échappent au deſpotiſme qui veut les écraſer, & que dans l'antre du *ciclope* ils ſoient sûrs d'être les derniers dévorés; cependant je ne dis pas qu'ils n'y ſoient expoſés à des déſagrémens qui les inquiètent, à des vexations qui les découragent, même à des injuſtices qui les accablent. Une corvée imprévue, une augmentation ſubite de *taille*, de *capitation*, de *dixième*, les dérangent certainement, & leur font beaucoup de tort.

Si, à ce ſurcroît de charges, ſe joint une diminution dans le prix des grains, ou dans la quotité des récoltes, ils peuvent ſe trouver tous très-gênés : pluſieurs d'entre eux même être ruinés, ſur-tout dans le ſiſtême financier actuel qui ne relâche rien de ſes droits par la ſeule conſidération de ces variations ordinaires; & qui ſuppoſant avec fondement qu'une année ſtérile eſt compenſée par une année abondante, en tire la conſéquence cruelle & abſurde qu'il peut exiger, & *en argent*, pour la première, les mêmes impôts que pour la ſeconde.

Ce principe eſt le ſeul qui puiſſe jetter quelque incertitude dans les ſupputations de l'agriculteur, & déranger la proportion qu'il établit entre ſes avances, & leurs rentrées, pour apprécier leur *produit net* : or, avec la *dixme roiale* il diſparoît : elle ne demande que des fruits; & la part qu'elle en fait au Souverain eſt toujours dans un rapport connu, invariable, avec celles qui reſtent au propriétaire : il eſt toujours sûr que l'impôt diminuera dans la même proportion que la récolte; par conſéquent il lui eſt facile de faire, avec une certitude imperturbable, un calcul d'après lequel la taxe ne puiſſe jamais intéreſſer le *produit net* qu'il a droit d'eſpérer.

Il n'aura du moins à combattre que les accidens de la nature qui ſe réparent, & non l'avidité du fiſc, que ſes rapines même rendent plus inſatiable : ne riſquant jamais pour une mauvaiſe année que des *avances*, qui rentrent même toujours en partie, il attendra plus patiemment la bonne qui doit les lui rendre avec uſure : ſon *produit net* eſt donc toujours à couvert, au moins du côté de l'*Impôt*.

S'il expoſe encore, ſous le nom d'*avance*, une portion de ſa fortune, pour enſémencer ſa terre, c'eſt que la loi univerſelle veut que tout ait une cauſe, & que rien ne naiſſe de rien : ſa condition alors n'eſt pas pire que celle du *négociant* qui ſeme ſur les fonds orageux des mers; que celle de l'*artiſte* qui fonde ſes reſſources ſur un goût changeant & capricieux; que celle du *militaire* qui brave des périls journaliers pour une ſolde modique, ou des honneurs paiés plus encore par l'eſclavage qui les précède, que par les fatigues & les dangers dont ils ſont le prix : il rentre dans l'ordre naturel dont toutes les autres régies imaginables l'écartent.

Ainſi 1°. la *dixme roiale* ne compromet pas plus le *produit net*, que les autres adminiſtrations financières.

2°. L'idée de diſtinguer le *produit net*, pour en faire la pâture excluſive de l'*Impôt*, eſt une illuſion puérile & abſurde, qui n'auroit jamais dû captiver des hommes capables de réflechir.

3°. La *dixme roiale* eſt le ſeul ſiſtême fiſcal qui ait cet égard, ſans en avoir beſoin, & qui produiſe réellement ce prétendu bien, dont on ne pourroit lui faire un reproche de ne pas s'occuper plus que les autres; CE QU'IL FALLOIT DÉMONTRER.

§ VIII.

CINQUIEME OBJECTION. S'il eſt vrai que la DIXME ROIALE dût écraſer les CAMPAGNES, ou faire déſerter les VILLES, & par cela même entraîner un renchériſſement général des denrées, avec un déſordre univerſel dans toutes les claſſes de la ſociété.

CET argument eſt ſpécieux encore, & preſque unanimement adopté : il eſt cependant ſuſceptible d'autant de réponſes, & de réponſes auſſi faciles, auſſi démonſtratives que les autres.

D'abord quand en effet la *dixme roiale* ne porteroit que ſur les domaines de la campagne, que vous importe, dirois-je, à ces ſpéculateurs timides ou envieux? Ce que vous avez à déſirer, eſt-ce que vos voiſins ſoient écraſés comme vous, ou que le fardeau ſous lequel vous pliez ſoit allégé? Ils ne porteront rien; ſoit : mais ſi vous portez moins, ſerez-vous inſenſibles au ſoulagement qu'on vous préſente, parce qu'ils auront un affranchiſſement abſolu? Pourquoi imiter les ouvriers de la parabole évangélique, & vous affliger d'un bienfait commun, parce qu'il y a des portions plus groſſes que la vôtre? Le grand point c'eſt que votre ſituation s'adouciſſe, & tel ſera infailliblement l'effet de la *dixme roiale*. Je viens de le prouver.

Ensuite n'y a-t-il pas mille moiens d'étendre la contribution sur les *cités*, & d'assujettir à l'impôt l'esclavage des bourgeois, comme la liberté rustique ? J'ai proposé le *toisage* du terrain que les premiers occupent; si cet expédient repugne tout facile qu'il est, n'a-t-on pas les *capitations* ou personnelles, ou par familles, ou par compagnies; les *entrées*, si l'on veut, sur les *consommations*, toutes odieuses, toutes vexatoires, toutes funestes qu'elles sont par l'appas de la *contrebande* qu'elles perpétuent, & l'horreur des châtimens qu'elles nécessitent; & bien d'autres ressources pour empoisonner au nom du fisc le séjour des Cités ?

De ce côté-là je verrois avec plus d'indifférence les abus subsister, se multiplier même; parce qu'enfin personne n'étant forcé de demeurer à la ville, & chacun pouvant s'affranchir de la servitude, quand elle lui paroîtroit trop insupportable, il n'y auroit de vexés que ceux qui trouveroient, ou dans les voluptés dont elles sont le théâtre, ou dans l'exercice des arts qui ne peuvent guère se cultiver ailleurs, des compensations suffisantes aux autres désagrémens. Or, tout ce que l'on tireroit de ces enceintes murées, par quelque voie que ce fût, tourneroit au soulagement des campagnes; la *dixme roiale* n'y écraseroit donc pas l'agriculteur.

Mais, dit-on, de deux choses l'une, où les Citadins s'opiniâtreront à rester dans leur séjour malgrè l'impôt; & alors pour y satisfaire, ils renchériront tout ce que l'industrie & le commerce

merce y emmagafinent : la campagne tributaire des villes pour ces objets qu'elle ne peut trouver ailleurs, fouffrira par contre coup une furcharge réelle : pour s'en indemnifer, elle hauffera auffi ce qu'elle donne en échange : de cette efpèce de combat, réfultera un renchériffement général, & le malheur commun.

Ou bien, les villes devenues défertes, ne feront plus que de' vaftes folitudes, dont le produit s'anéantira de jour en jour : il faudra rejetter fur la campagne l'excédent du fubfide dont elles ne fourniront plus leur part : il faudra doubler, tripler la *dixme*, & bientôt à peine le revenu total de la nation égalera les befoins du Monarque.

Eft-il poffible qu'on fe forme férieufement de femblables chimères ! Si l'effet de la *dixme roiale* devoit être réellement de furprendre aux peuples plus qu'on ne leur extorque aujourd'hui ; fi je cachois fous cet adouciffement perfide le deffein & le moien de les dépouiller avec plus de fuccès, fans doute ces raifonnemens feroient fondés : mais puifque cette méthode, même dans le cas le plus fâcheux, dans celui où il faudroit enlever à chaque particulier le *quart* de fon bien, ne feroit encore qu'égaler l'exaction actuelle, fans autre innovation que d'en retrancher les abus, & d'en épargner à peu près tous les frais, pourquoi donc s'opiniâtrer à fuppofer qu'elle auroit des fuites fi malencontreufes ?

Qu'on laiffe, je le fuppofe, l'anarchie fifcale des villes telle qu'elle eft aujourd'hui, pourquoi veut-on que la reſtauration de la campagne opérée par la *dixme* ait ſur ces entrepôts murés une ſi terrible influence; & ſi l'on veut leur faire partager la régénération; ſi à ces tortures innombrables de la régie actuelle, on ſubſtitue un plan honnête, raiſonnable, modéré, clair, tel par exemple que le *toiſage* des terrains, pourquoi veut-on que cette réforme entraîne une réaction ſi funeſte au-delà de leurs remparts?

Dans le premier cas, les choſes reſtant comme elles ſont, tout ce qui pourroit en réſulter, c'eſt que l'expérience des avantages produits par l'affranchiſſement de la *campagne* feroit déſirer celui des *villes* : mais il n'en entraîneroit pas, comme on ſemble le craindre, la dépopulation. Les grands Roiaumes contiennent trop d'individus efféminés, à qui ce ſéjour du luxe & de la molleſſe eſt devenu néceſſaire : les *tribunaux* d'ailleurs, les *manufactures*, les *ſpectacles*; toutes les jouiſſances, ou toutes les reſſources qui s'y fixent néceſſairement & excluſivement, compenſeroient à leurs ieux tous les avantages du ſéjour libre, & devenu vraiment fortuné de la *campagne*.

Dans le ſecond cas, c'eſt-à-dire, celui où l'on adopteroit le ſiſtême d'une liberté commune, & de n'aſſujettir à l'impôt dans les villes que la terre qu'on y foule, comme dans les campagnes que celle qu'on y cultive, les maiſons des cités, je l'avoue ſe loueroient plus cher; mais pourquoi donc l'artiſan, ou le marchand qui les occupent, en augmenteroient-ils le prix de leur *main-d'œuvre* ou de leur *induſtrie*?

Ne paient-ils donc rien aujourd'hui? S'accorderoient-ils tous à ne regarder comme une réalité que l'augmentation du loier, & comme des chimères l'anéantiſſement de tous les autres grapillages qui ſont maintenant leur ruine, & leur déſeſpoir?

Le cordonnier qui ſe loge à préſent pour 50 écus, ſeroit obligé d'en donner 80, 100 peut-être, mais ſon *cuir*, mais ſes *outils*, mais la *viande*, mais les *œufs*, le *beurre*, le *harang*, l'*huile*, &c. qu'il conſomme, diminueroient de tout ce que l'impôt y ajoute : mais il auroit à la *guinguette* le *vin* à meilleur marché, & infiniment moins mauvais parce qu'il y auroit moins de bénéfice à le frélater. Quelle raiſon auroit-il donc d'augmenter ſes ſouliers? Et n'en ſeroit-il pas de même, proportion gardée, de toutes les autres claſſes?

Je ne ſais d'où a pu venir l'idée allarmante de cette *réaction* générale, pourquoi on s'obſtine à peindre d'avance tous les ſujets d'un Etat au moment de la révolution, comme cherchant à ſe ſurprendre, à ſe vexer les uns les autres. Ce tumulte philoſophique ne peut pas raiſonnablement ſe ſuppoſer. Rien ne changeant dans le véritable état des choſes, rien ne changeroit dans les rapports : on paieroit ſous une forme, ce qu'on paie ſous une autre : mais la nouvelle épargneroit les vexations que l'ancienne ajoute à l'impôt : quand même au moment préſent ce ſeroit le ſeul avantage de la perception moderne, eh bien! Eſt-ce une raiſon pour l'envisager fous un point de vue finiftre, & lui attribuer des défaftres dont elle feroit au contraire le remède ?

Sans doute à l'inftant de la révolution il y auroit dans certaines parties du commerce, ou des arrangemens domeftiques, une efpèce de remuement paffager, une forte d'ofcillation deftinée à les ramener à la pofition où elles font aujourd'hui envers celles qui ne changeroient pas de place : mais rien ne feroit plus rapide & plus promptement terminé. En matière de calcul ufuel tous les hommes font à peu près également éclairés : & rien n'eft plus expéditif qu'un intérêt commun & preffant.

Il n'en feroit pas ici comme de ces variations dans le prix du *pain*, où le mouvement & l'immobilité deviennent également funeftes, parce que tout y eft au préjudice du pauvre; & que l'on a prefque toujours pour objet de renchérir fa fubfiftance, tandis que l'autre tend fans ceffe à reftraindre fes falaires : mais dans le cas dont nous parlons, chacun fe fentant foulagé d'un côté, autant & plus qu'il ne feroit preffé de l'autre, perfonne n'auroit même l'idée de défirer un dédommagement.

Suivons la méthode des tableaux, & voions dans un cas quelconque quel feroit l'effet de notre fiftême pour les *villes*, par exemple fur la claffe des *propriétaires* ou *locataires* des maifons. Prenons-en une louée 6·000 liv. à *Paris*, à trois particuliers qui jouiffent enfemble de trente mille livres de revenu, foit en biens fonds, foit en produit de leurs talens. Entr'eux trois ils paient aujourd'hui pour leur loier . . . 6-000 l.

Pour leur capitation au moins 1-500

Pour le 10e., *sols pour livre du* 20e. & les impôts sur les consommations de toute espèce, au moins 6-000

} 13-500

Réduisons tous ces impôts au *toisage*, & que la maison dont il s'agit se trouve par l'évènement taxée à une somme égale, si l'on veut, à son rapport actuel, c'est-à-dire à . . . 6-000 liv.

Le propriétaire ne manquera pas de vouloir la louer 12-000

Ses locataires se refuseront-ils à cette augmentation, ou plutôt à cette diminution ? Ne verront-ils pas que ne paiant plus de *capitation* au bureau de la *ville*, de *dixième*, & *sols pour livre* sur leurs *rentes*, d'*entrées* aux *portes* pour leur *vin*, leur *toile*, leur *beurre*, leurs *volailles*, d'*industrie* à leurs *communautés*, s'ils sont agrégés à quelques *corporations*, ils font un bénéfice effectif sur l'augmentation même, & que ces servitudes honteuses, dont ils sont affranchis, leur coûtoient beaucoup plus que l'indépendance sous laquelle ils vont vivre ?

Le nouveau loier est doublé, mais il comprend à l'avenir tous les impôts dont ils peuvent être chargés : l'acroissement qu'il reçoit équivaut-ils aux 6-500 liv. que les taxes arrachoient auparavant ensus de l'ancien, sous mille déguiſſemens différens? Quelles que ſoient les ſources des revenus de nos locataires, croiroient-ils être obligés, pour s'indemniſer, de les faire hauſſer en proportion du hauſſement de ce loier dont ils ſont plus qu'indemniſés d'avance? Le *Banquier* doublera-t-il ſa commiſſion; le *Médecin* ou l'*Avocat* ſon honoraire? Le *rentier* ſe croira-t-il ruiné? Ne ſentiront-ils pas tous que de cette addition apparente il réſulte réellement que chacun d'eux pour ſa part de l'impôt n'eſt plus intéreſſé que dans ce que paiera le propriétaire; & que ce ſurcroît ſera toujours inférieur à ce que lui & ſes deux voiſins paioient perſonnellement auparavant?

Mais le propriétaire, que deviendra-t-il? Voions-le. Suppoſons qu'il n'a que ſa maiſon pour tout bien : elle lui rend . . . 6-000 l.

Le *dixième* & les *ſols* lui en ſouſtraient aujourd'hui au moins . . .	600 l.	2-000 l.
Sa capitation, au moins . .	200 l.	
Ses conſommations, au moins	1-200	

Il ne lui reſte donc maintenant que 4-000 livres de ſon revenu annuel : (je ne parle point des *répartitions*, parce qu'elles ſont les mêmes dans tous les cas.)

Mais ſi en paiant déſormais au Roi annuellement *pour ſa maiſon* 6-000 livres, il lui en reſte encore autant; c'eſt-à-dire 6-000 livres quittes & franches de toute autre contribution, il gagne donc à la réforme 2-000 liv. par an, qui tiercent ſon revenu. L'augmentation apparente eſt donc pour lui un bénéfice réel, ſur la recette, tandis que ce qu'elle ſemble préſenter d'onéreux à ſa charge, devient en ſa faveur un vrai préſervatif contre la tentation qui pourroit venir aux adminiſtrateurs de ſe prévaloir à l'excès du *toiſage*, dont il ſemble ſeul chargé. Ses locataires de leur côté nantis d'une économie de 500 livres annuelle pour chacun, ne ſongeant point à augmenter leur ſalaire, d'où viendroit donc la réaction redoutable pour la *campagne?*

Et comme la même opération y feroit ſentir ſes ſalutaires influences; comme le propriétaire qui en tire aujourd'hui 10-000, & qui paie, ainſi que je l'ai prouvé, avant que ce revenu lui parvienne, environ 5-000 des trente qui le fourniſſent, n'en paiera plus que 3-000, ſi la *dixme* eſt reſtreinte au *dixième*, & au plus la même ſomme, ſi l'excès de la détreſſe oblige d'élever la contribution au point où elle eſt aujourd'hui : quel motif, quel prétexte auroit-il donc de ſe plaindre de ſon état, & de renchérir ſon bled, ou ſon vin?

§ IX.

Sixieme objection. S'il est vrai que le produit de l'Impôt TERRITORIAL *seroit insuffisant & ne pourroit égaler le produit actuel des autres* IMPOTS.

VOICI la grande objection, & en apparence la plus embaraſſante : ce ſont préciſément, me dira-t-on, les prétendus avantages de votre méthode qui en prouvent l'abſurdité, ou le danger : il eſt impoſſible que tout le monde y gagne, & cependant vous ne montrez que des bénéfices : mais s'il y en a *pour les ſujets*, il y aura de la perte *pour le Roi* : ce que celui-ci reçoit, ce ſont ceux-là qui le paient ; & dès que la contribution eſt moindre, il faut bien que la recette le ſoit : or, en diminuant le revenu, vous ne diminuez pas les beſoins ; au contraire : donc vous trompez ſur le bien que vous promettez, ou vous n'offrez contre le mal qui exiſte qu'un palliatif inſuffiſant.

L'*impôt* TERRITORIAL, à quelque diviſion de la totalité qu'on le porte, ne rendra jamais ce que les dépenſes publiques dans l'état actuel des choſes, exigent par-tout généralement. Il y a des endroits où la diſproportion ſeroit peut-être moins effraiante : mais en *France*, en *Angleterre*, & ailleurs, le bilan de l'état connu exclud cette modification bornée de l'impôt.

Dans le premier de ces deux Empires la dépense publique est aujourd'hui montée, même en tems de paix, sur le pied de plus de 600 millions. C'est ce qui résulte des aveux successifs des deux ministres, regardés, l'un comme l'interprète de l'*économie*, l'autre comme l'agent de la dissipation : la *guerre*, (& l'on ne paroît pas encore revenu en *Europe* de cette épouvantable manie,) augmenteroit à l'infini cette profusion énorme d'espèces.

Or, ces deux mêmes ministres, opposés dans tout le reste, sont encore également d'accord sur la modicité du produit de ce qu'on appelle en *France* les *VINGTIÈMES*. Ils déclarent autentiquement que *deux* de ces taxes, surchargées des *quatre sols pour livre* de l'une d'elles, c'est-à-dire, d'un 5e. ensus, ne rendent qu'à peine *CINQUANTE* millions par an.

A la vérité ils avertissent que la perception ne s'opère pas avec rigueur : mais quand l'indulgence à cet égard donneroit lieu à une méprise de moitié, le vrai rapport de $\frac{2}{20}$ effectifs seroit donc au plus de 100 millions ; pour subvenir aux 600 que l'administration dévore annuellement, il faudroit donc lever sur les peuples, au moins 18 à 19 *vingtièmes*, & au premier coup de *canon*, le monarque en demandant cinq ou six vingtièmes de plus, c'est-à-dire, tous les revenus de la nation, & au de-là, n'auroit pas encore de quoi paier ses armées & ses flottes.

Cette objection a été avancée sérieusement dans un ouvrage justement célèbre, que le seul nom de l'auteur auroit rendu imposant : (1) elle se trouve dans un chapitre intitulé de l'*Impôt territorial*, ou l'on semble vouloir examiner s'il est admissible ; s'il seroit utile de le substituer à toutes les autres espèces de contributions.

Les lecteurs qui réflechissent sont bien surpris de trouver que ce soit là la seule difficulté qu'un ancien ministre, éclairé, de bonne foi, & désintéressé, puisqu'il n'est plus en place, allègue comme décisive, & suffisante pour rejetter cette opération : on n'est pas moins étonné de l'importance qu'il y attache que de la légèreté avec laquelle il résoud la réponse qu'il se fait à lui-même, *que ce produit n'est pas celui que le nom désigne.*

» On observera peut-être, se fait-il dire, que les » 20mes. ne sont pas perçus assez exactement : » *mais le seroient-ils davantage s'il y en avoit* 15 » *ou* 16 *de plus*? » Non sans doute, au contraire ; l'exactitude des exacteurs seroit d'autant plus en défaut, & le produit d'autant moindre, que le bordereau des *vingtièmes* à percevoir, seroit plus chargé, sur-tout s'ils s'introduisoient en concurrence avec toutes les autres taxes : mais aussi n'est-ce pas les 20mes. qu'on leve.

Cette dénomination est chimérique & abusive : il seroit absurde de conclure d'après l'énoncé

(1) De l'*Administration des Finances de France* par M. NEKER, Chap. VI.

des régiſtres qu'elle décore, que ce genre d'impoſitions ne peut rendre que ce qu'ils préſentent, ou à peu près : elle n'eſt ainſi réduite aujourd'hui que par un principe d'égard très-louable pour des peuples déja vexés par tant d'autres exactions. Quand cette contribution deviendroit au contraire une ſauve-garde univerſelle contre toutes les rapines fiſcales, on ne peut certainement pas douter qu'elle ne fût infiniment plus féconde.

2°. Obſervons encore que la *dixme roiale* embraſſeroit une infinité d'objets qui ſont aujourd'hui exempts du *dixième*. Obſervons qu'elle porteroit ſur tous les produits de la *campagne*, comme le *toiſage* des *villes* ſur tous les terrains dévoués au logement, ou aux voluptés des Citadins : que par conſéquent l'un ſoulageroit l'autre; que la récolte faite ſur le domaine ſtérile des bourgeois augmenteroit d'autant l'offrande renouvellée chaque année par la fécondité ruſtique.

3°. Il y a d'autres objets qui ſuppléeroient encore à ce que la *dixme roiale* & le *toiſage* ne pourroient fournir des dépenſes actuelles, ſans être pouſſés à un point qui les feroit paroître effraians & qui augmenteroient le produit, ſans multiplier les taxes avec leſquelles l'*Impôt territorial* eſt incompatible.

Les *domaines* mieux adminiſtrés ſeroient une reſſource pour l'Etat ; ou bien, vendus une bonne fois, & ſans retour, ce qui ſeroit infiniment préférable ; ils diminueroient, & considérablement la dette publique, & par conséquent la somme du subside nécessaire. (1)

Les *postes* qui peuvent être réputées un *domaine*, & qui ne sont pas une *taxe;* les *contrôles* qui sont une taxe, mais qui ont un objet d'utilité civile, très-réel, & très-précieux; les *papiers timbrés* dont on peut en dire autant, qui d'ailleurs n'attaquent que des gens aisés, ou passionnés, & entraînent en général très-peu d'inconvéniens; les *sels* qui étant un produit effectif, pourroient être décimés, ou *toisés* sur les lieux, comme tous les autres biens, formeroient une masse importante qui commenceroit à diminuer l'appétit du fisc, & subviendroit à ses premiers besoins. (2)

---

(1) Les *Notables* en *France* semblent avoir rejetté cette ressource. Leurs motifs ne me sont pas connus. Le principal paroît avoir été l'*incompétence* de l'assemblée, l'opinion de ses membres que les *Etats-Généraux* seuls auroient le droit de légitimer une semblable opération. Il y auroit bien des choses à dire à ce sujet; mais pour nous borner à une seule observation, on a fait, en *France* sur-tout, & incorporé à la constitution actuelle, sans l'intervention des *Etats-Généraux*, tant de choses nuisibles, qui sembloient ne pouvoir s'établir sans leur concours, qu'on auroit pu peut-être s'en passer pour une évidemment utile, & même nécessaire.

(2) Sur ce dernier article par exemple, y auroit-il le moindre inconvénient à rendre le sel *marchand* sans réserve, & sans exception, envers l'étranger, comme envers le regnicole, en soumettant simplement chaque *pied carré* de *marais salant*, à une taxe, comme chaque *toise* de *cour*, ou chaque *arpent* de *jardin?* Le *sel* ne se fait pas en un moment : celui qui veut entreprendre une *saline*, soit sur le bord de la mer, avec le soleil pour fourneau, soit dans

4°. S'il étoit permis à un particulier de rien affirmer sur cette matière ; ou si je ne craignois en parlant légèrement de *millions*, & de *milliards*, comme tous mes prédécesseurs en combinaisons

---

l'intérieur des terres, à l'aide des forêts qu'il consomme pour dessécher ses chaudières, est obligé à des préparatifs qu'il ne sauroit cacher. On seroit certainement bientôt parvenu à trouver la juste proportion qu'il faudroit établir entre le *toisage* de cette espèce de bien, & ses rapports, pour qu'elle ne fût à cet égard ni plus ménagée, ni plus foulée que les autres possessions ; le *sel* alors ne vaudroit que ce qu'il en faudroit tirer pour paier la *main-d'œuvre*, la *taxe*, & le bénéfice de l'entrepreneur, ce qui laisseroit celui de la mer à un excessif bon marché, & produiroit des avantages de toute espèce.

1°. Un prodigieux commerce de cette denrée avec l'étranger. 2°. Une consommation infinitivement plus forte dans l'intérieur du Roiaume, parce qu'elle s'emploieroit dans les manipulations de beaucoup de nos manufactures, où son excessive cherté ôte même l'idée d'en faire l'essai. 3°. Il est sûr alors que le sel *marin* feroit absolument tomber l'usage du sel ou *fossile*, ou extrait des *sources* : on fermeroit tous les puits ouverts dans l'intérieur des terres : à quelque distance que l'on fût de l'immense réservoir préparé par la nature, le *sel* qu'on en tire par la seule chaleur du soleil, se trouveroit par-tout à meilleur marché que ne peut l'être celui qu'il faut arracher à force de *pompes* du sein de la terre, condenser dans des bâtimens de *graduation*, consolider sur des *plombs* qu'on n'échauffe qu'aux dépens des bois de tout un païs : cette tirannie, qui fait de chaque *saline* le fléau & l'effroi d'un vaste canton, disparoitroit. Les amas prodigieux de matières combustibles qu'elles consomment seroient rendus à d'autres besoins, & à d'autres arts : la société y gagneroit en tout sens, même sur la qualité de cette précieuse denrée. Les sels ou *fossiles*, ou tirés par l'ébullition des eaux souterraines qui les charrient, n'ont jamais la force du sel de la mer ; mais ils ont en même tems presque toujours une propriété corrosive qui les rend dangereux dans l'usage habituel, & inutiles pour beaucoup de préparations.

fiſcales, de compromettre, par une apparence de ridicule, un ſiſtême reſpectable, à l'exécution duquel je crois très-ſérieuſement que la proſpérité publique eſt par-tout attachée, il me ſeroit peut-être aiſé de faire voir que la *dixme roiale* d'une part, le *toiſage* de l'autre, fourniroient ſans peine, & au-delà, même en *France*, à toutes les dépenſes publiques; que l'*Impôt* TERRITORIAL ainſi généraliſé, rempliroit ſans épuiſer les peuples, ce goufre inſatiable; que bientôt il fermeroit ce tonneau des *Danaïdes* qui abſorbe également, & leurs larmes, & leurs eſpèces, ſans que les unes y laiſſent plus de traces que les autres.

A la vérité il n'y a point de données ſûres d'après leſquelles on puiſſe avec évidence travailler à la réſolution de ce problême : & c'eſt encore une preuve de l'enfance où ſont chez nous tous les arts, puiſque le plus cultivé de tous, le plus lucrativement cultivé, le plus funeſte en même tems, celui qui a éternellement excité le plus d'efforts en tout ſens, la *finance*, n'a pas même une baſe fixe & conſtante, ſur laquelle puiſſent porter ſes opérations : elle ne connoît ni la quantité d'hommes qu'elle tiranniſe, ni l'étendue effective des terrains qu'elle dévaſte, ni le produit réel des biens qu'elle deſſeche, ni peut-être celui de ſes propres rapines.

Tout eſt incertitude, même dans cette alchimie cruelle, hors les maux qu'elle fait, & l'or qu'elle compoſe du ſang de l'indigence : & quand on propoſe aux Miniſtres des réformes utiles, ils profitent pour excuſer leur indolence, ou leur pusillanimité, d'une confusion dont ils sont les véritables auteurs, puisqu'ils la tolèrent, pouvant sans peine y remédier.

Faute d'un dénombrement fidèle & général, j'avoue donc qu'il est difficile de rien présenter de satisfaisant sur le produit que pourroient rendre les deux nouvelles méthodes dont il s'agit ici : mais cependant on peut arriver par la théorie, du moins à des approximations bien propres à inspirer de la confiance.

De quelque timidité qu'on veuille s'armer pour préférer le dépérissement vexatoire actuel à une régénération consolante, il n'en est pas moins certain que l'or aspiré de toutes les provinces produit dans les cofres du Roi, par an, plus de 600 millions, en y comprenant les frais de perception déguisés, & multipliés sous des milliers de formes; car les peuples sont des moutons à qui l'on arrache la peau pour paier ceux qui leur enlèvent la laine.

Il est également certain que ces six cens millions, & plus, se paient par les deux seules espèces d'hommes qui marchent orgueilleusement, ou rampent avec douleur sur la surface de la terre, c'est-à-dire, par les habitans des *villes*, & ceux des *campagnes*. Il est encore certain qu'ils ont ces millions, puisqu'ils les donnent, ou qu'on les leur extorque.

Il est prouvé, ou du moins assez généralement avoué, que cette énorme contribution enlève à tous les sujets environ le 4e. de leur revenu réel : on peut donc compter qu'il y a dans le

Roiaume une ſomme de revenu circulant qui monte à peu près à quatre fois autant que le produit des impôts, c'eſt-à-dire à environ 2 milliards.

Suppoſons qu'il fallut perpétuer cet incroiable ſacrifice, & fixer la ſubvention à ce même 4e, les peuples n'en ſeroient pas plus chargés; le Roi conſerveroit ſon revenu : & cependant, comme je l'ai prouvé, il n'y a pas de Particulier qui n'y fit un bénéfice ſenſible. Le Gouvernement auroit ſa tranquillité de plus, & nous autres de bien déſeſpérantes humiliations, de bien affreuſes tirannies de moins.

Allons plus loin : eſt-il vrai qu'il fallut continuer ſous la loi de la liberté bienfaiſante le même ſacrifice qui ſuffit à peine aujourd'hui pour aſſouvir l'aveugle & inſatiable cupidité du deſpotiſme ? Je n'en crois rien; je vais haſarder des ſuppoſitions dans leſquelles encore une fois il faut moins s'arrêter à l'exactitude rigoureuſe des faits, puiſqu'ils ſont inconnus, qu'à la juſteſſe des principes. On calcule tous les jours les plus groſſes ſommes avec des jettons, & l'on n'en arrive pas moins à des réſultats certains, quoiqu'ils ne ſoient qu'une fauſſe monnoie.

Je prends pour terme de la fécondité de la terre en *France*, dans les *campagnes*, l'évaluation de M. l'*Abbé* d'*Expilly*, parce que c'eſt la plus récente : il la porte à environ 50 millions de ſeptiers de tous grains. *L'Impôt* TERRITORIAL, ou la *dixme* levée au *cinquieme* feroit pour la part du Roi 10 millions de ſeptiers, qui rendroient, compenſation faite de différentes eſpèces

pèces au prix actuel, environ . . 180 millions

Suppoſons que les autres natures de denrées ruſtiques, les *foins*, les *beſtiaux*, les *bois*, les *chanvres*, les *vins*, & tous les autres objets ſur leſquels la *dixme* ſe leveroit également, ne rendent que la même ſomme, ce qui aſſurément eſt bien au-deſſous de la vérité, ce ſeroient . . . . 180 millions.

La *campagne* ſeule rendra donc au Roi . . . . 360 millions.

Quant aux villes prenons *Paris*, pour exemple : ſon étendue même n'eſt pas bien déterminée, quoiqu'il en exiſte dix plans, dont pluſieurs levés, dit-on, *géométriquement*. Mais ſuppoſons-en la ſurface de deux lieues quarrées, dont moitié ſeulement en *maiſons*, *cours*, ou *jardins* : ſuppoſons cette moitié diviſée entre chacun de ces genres de propriété, ou de jouiſſances, & taxée dans la progreſſion, ou la gradation ſuivantes : DEUX *millions* de *toiſes* en BATIMENS à 12 livres la toiſe; TROIS en COUR, à 6 livres; & QUATRE en *jardins* à deux livres. Cette taxe n'auroit rien d'exceſſif à beaucoup près, & ſe raprocheroit très-fort, à ce que je penſe, du rapport ſuppoſé ci-deſſus dans l'exemple cité, d'une maiſon louée 6000 livres; le *toiſage* de Paris ſur ce pied rendroit 50 millions. (1)

(1) Les gens inſtruits, ou qui prétendent l'être, ſont perſuadés que dans l'état actuel cette ville paie beaucoup plus : le *toiſage*, même ſur ce pied, ſeroit donc pour ſes habitans un véritable ſoulagement.

On compte en *France*, si je ne me trompe, *CINQ* villes du premier ordre, après la Capitale, *Lyon*, *Marseille*, *Bordeaux*, *Nantes* & *Rouen* : supposons qu'elles égalent ensemble *Paris* pour l'étendue, & qu'elles soient taxées sur le même pied, à raison de leur opulence, du faste que l'industrie & le commerce y entretiennent : elles rendront entr'elles . . . 50 m.

Vingt du second ordre, telles que *Lille*, *Strasbourg*, *Rheims*, *Amiens*, &c. doubles au moins de *Paris* pour l'espace, mais taxées seulement à moitié, rendront également. 50

QUATRE-VINGT du troisième ordre, occupant un espace plus que triple de celui de *Paris* en bâtimens, taxées à un 4e. rendront environ . . 37 } 162

Environ deux cens tant petites villes, que bourgs murés, quadruples au moins de *Paris* pour le terrain, mais taxées seulement à un 8e. rendront environ 25

Qui feront avec les 50 millions de *Paris* en tout pour le *toisage* . . . 212

Par conséquent l'*Impôt TERRITORIAL* par ses deux branches rendroit . . . 572 millions.

Combien peut-on présumer qu'il seroit nécessaire d'ajouter à l'une ou à l'autre pour arriver aux 600 millions dont l'Etat est réputé avoir un besoin indispensable? Les droits conservés, dont j'ai parlé ci-dessus, ne fourniroient-ils pas à peu près les 30 ou 40 millions qui manquent? Ne pourroit-on pas d'ailleurs étendre le *toisage* à toutes les habitations des campagnes consacrées uniquement à la volupté?

Toute construction emploiée à l'exploitation; toute maison accompagnée d'une *ferme*, ou d'un *vendangeoir*, ou d'un *moulin*, ou d'une *manufacture*, enfin d'un entrepôt actif & utile quelconque, seroit exempt; mais un *château* isolé: mais un *vuide-bouteille* délicieux; mais un parc stérile, mais un potager abondant; mais tous ces réduits voués au plaisir, au repos, déja si multipliés autour des villes, & que la nouvelle administration multiplieroit encore à l'infini, pourroient sans doute être soumis à la taxe des villes du cinquième ordre, & produiroient encore un supplément considérable: il acheveroit d'élever la *dixme* & le *toisage* même au-dessus peut-être de la dépense devenue habituelle à la Couronne.

Et observez que le cadastre du *toisage*, (j'ai déja dit, & on le sent bien, qu'il n'en faudroit point pour la *dixme*,) une fois dressé, ne seroit plus susceptible de mutations; il n'y auroit ni recherches inquiétantes à faire, comme pour les rôles de la *capitation*, de la *taille*, &c. ni réformes pénibles, & souvent impossibles, ou plus dispendieuses qu'utiles à solliciter: le cas seul des incendies motiveroit la décharge de l'impôt, & il ne seroit susceptible d'aucune difficulté.

Qu'on ceſſe donc de reprocher à l'*impôt* TERRITORIAL, à la *dixme roiale*, aidée du ſupplément qui la repréſentera dans les villes, une inſuffiſance chimérique, ou des dangers, & une injuſtice également imaginaires. Le premier de ſes effets, le plus infaillible, ſera au contraire le rétabliſſement de l'ordre en tout ſens, & celui de l'abondance pour le Prince, ainſi que de la tranquillité pour ſes ſujets.

A la *campagne*, ſur les moiſſons que la terre y prodigue, dont le fiſc s'approprie aujourd'hui avec violence, ſous mille formes auſſi variées qu'odieuſes, une moitié, & quelquefois plus, ſans laiſſer au propriétaire dépouillé même la certitude de jouir paiſiblement du reſte, on ne donneroit plus qu'en une fois, volontairement, une partie connue, & une partie fixée de manière qu'elle ne pût jamais s'acroître pour le financier, ſans augmenter dans la même proportion pour le propriétaire.

Quant aux *villes*, à quelque taux qu'on portât le *Toiſage* dans ces enceintes devenues aujourd'hui les priſons de leurs citoiens dégradés, où l'on ne peut entrer, ni ſortir ſans opprobre, & ſans indignation; ſans entendre blaſphêmer un nom ſacré; ſans eſſuier des violences outrageuſes en vertu d'une autorité inſtituée pour réprimer toutes les violences; ſans ſe trouver à la diſcrétion, ſous l'empire des plus vils des hommes, d'autant plus inſolens qu'ils ſe ſentent tout à la fois, & plus avilis, & plus ſoutenus; ce taux ſeroit toujours le ſignal, & le gage de l'affranchiſſement; il eſt ſûr qu'elles paient aujourd'hui plus chèrement leur esclavage qu'elles ne paieroient leur liberté.

Mais voici pour les *villes*, & pour les *campagnes*, un autre avantage non moins précieux : je l'ai laissé entrevoir ci-devant, page 56 : c'est que l'*impôt Territorial* dans sa plénitude, & en proportion, pour ainsi dire, de son excès, deviendroit un véritable garant contre toute espèce de surcharge, contre les augmentations arbitraires si communes, & réputées si indispensables depuis un siècle.

Il est démontré que dans les grans états de l'*Europe* le Souverain perçoit aujourd'hui au moins le *quart* du revenu des sujets : cette contribution énorme est peut-être nécessaire : elle s'augmentera encore, parce que la moitié & plus en est dévorée par les arrérages sans fin nés de la malheureuse méthode des *emprunts*, & la moitié de l'autre par l'entretien des troupes, multipliées de toutes parts au de-là de toute raison, & de toute mesure : mais cette facilité à accumuler les emprunts, & les régimens n'est due qu'à celle que l'on a eue d'acroître les impôts sans terme, en les déguisant sous mille noms, dont la variété semble en cacher le nombre & l'étendue.

S'il se trouvoit un peuple assez heureux pour avoir un Souverain qui lui montrât naïvement la dette qu'il a à supporter, & assez éclairé pour se soumettre à la paier en une seule fois, sous un seul nom, je ne crains pas d'assurer que cette franchise d'une part, ce courage de l'autre, seroient le terme de toutes les exactions de la finance, comme de toutes les dissipations qui les motivent; non-seulement cette nation n'auroit plus de surcharge à redouter; mais les innovations ne pourroient plus aller qu'à son soulagement.

On ne peut trop le redire : ce sont les mots qui menent les hommes, en *Finance* comme dans presque tout le reste. Tel impôt odieux, destructeur, humiliant, qui existe, qui passe dans les païs les plus éclairés pour un droit incontestable de la Couronne, n'a été admis qu'à la faveur de l'idée, ou indifférente, ou peu effraiante que présentoit le nom dont on l'a couvert.

Si par exemple, il y a quelques années, dans une des grandes monarchies de l'*Europe* un des ministres d'argent qui a laissé la mémoire la plus flétrie, avoit dans ses pressans besoins proposé crûement d'augmenter tous les impôts existans d'UN CINQUIEME, en emploiant ce terme, il auroit non-seulement revolté la nation, & ses représentans, mais étonné, & peut-être fait rougir les financiers les plus durs, les plus intrepides.

Il ne parla que des *quatre sols pour livre* : on les adopta légalement pour quelques unes des extortions legales, colorées sous le nom de *Taxes enregistrées.* Il les étendit ensuite sourdement par une décision arbitraire, & exécutée, à toutes les autres ; c'étoit en apparence une ſi petite addition ! Le calcul ne préſentoit, pour ainſi dire, que des *fractions de fractions* : elles ne ſe demandoient que ſur des parties détachées ; chacun ſe trouvoit iſolé quand on en exigeoit la remiſe : on rougiſſoit preſque de murmurer, ou en murmurant on paioit.

Mais ſuppoſons au moment de la réforme, la dette fixée au *quart* des revenus, quel miniſtre oſeroit jamais propoſer à ſon maître d'y rien ajouter ? Quel poids, s'il en avoit l'imprudence, ne donneroit pas au refus des contribuables ce cri accablant, vous prenez déja le QUART *de nos propriétés*, le QUART ? A ce mot les mauvais princes ceſſeroient d'être prodigues, par l'impuiſſance d'obtenir plus, & les bons deviendroient économes, par le déſir de demander moins.

Qu'on pèſe tous ces faits, & toutes ces vérités : qu'on les raproche des principes que je viens d'établir, du ſiſtême que je viens de démontrer, & qu'on prononce ſi les Gouvernemens ſont excuſables de le négliger, & la philoſophie de le combattre.

AVIS

Au ſujet de la Lettre ſuivante.

EN remettant ſous les ieux du public ce petit Ouvrage, je me ſuis attaché à éclaircir toutes les difficultés, à détruire tous les raiſonnemens dont j'ai eu connoiſſance, & qui pouvoient contrarier le ſiſtême qui en eſt l'objet: j'ignorois que dans le tems même on travaillât à le combattre *par des exemples*. Ce n'eſt que quand les deux premières éditions ont été épuiſées, qu'on m'a procuré une brochure intitulée de l'*Impôt* TERRITORIAL *en nature chez les Romains*, & remarquable en tout ſens.

On paroît s'être propoſé d'y prouver PAR DES FAITS, d'abord que l'Impôt territorial *en lui-même* entraîne les plus grans abus; que la *dixme des fruits de la terre*, accordée au fiſc, expoſe les peuples aux plus grans dangers; & enſuite que ces abus, ces dangers ſont infiniment plus terribles, & abſolument inévitables, quand la perception de cette taxe ſe fait *en nature*. On ne peut guère contredire d'une maniere plus directe, & plus redoutable, les principes que j'ai développés ici.

J'en ai d'abord été d'autant plus intimidé que l'auteur, ſans raiſonner, ſemble avoir toujours de ſon côté la raiſon : d'ailleurs il paroît n'être rien moins que poſſédé de l'eſprit *financier.* S'il combat une reforme qui me paroît, & à bien d'autres, le vrai, le ſeul frein de la tyrannie *fiſcale*, ce n'eſt pas comme défenſeur de cette tyrannie : bien loin de-là : ce ſont les droits du peuple qu'il prétend ſauver : c'eſt pour la nation en général, c'eſt pour le cultivateur qu'il eſt allarmé.

Guidé par l'expérience des maux qu'a produits chez les *Romains* l'eſpèce d'impôt dont il s'agit, " J'indique, dit-il, ce qui » eſt arrivé, ſans prévoir ce qui arriveroit. » Qui auroit dit lorſque le Roi *Jean* or- » donna en 1360 la levée *du 13$^{me.}$* ſur les » vins, & autres breuvages, que cette demi- » ligne donneroit lieu aux *inventaires*, au „ *gros manquant*, au *trop bu*, & à toutes „ les autres gênes qui s'en ſont ſuivies? „ *C'eſt bien aſſez d'avoir mis le fiſc chez* „ *le vigneron ; il ne faut pas le mettre* „ *chez le laboureur.* „

Non ſans doute : mais il ne faut pas non plus laiſſer un écrivain qui penſe, & s'exprime d'une maniere ſi honnête, dans un préjugé qui l'expoſe à être ſans le vouloir, le détracteur du ſeul ſpécifique capable de déraciner la maladie que lui-même déplore.

Sa brochure prouve qu'il a le goût des recherches ſavantes, & qu'il poſſede une très grande érudition. Aiant auſſi à ce qu'il paroît l'ame ſenſible ; étant vivement frappé des maux dont la *demi-ligne* du Roi *Jean* a été en effet le germe parmi nous, & de la ſervitude affreuſe qui en a réſulté pour nos vendanges, il eſt aſſez naturel qu'à force de combiner dans ſa mémoire les paſſages des Juriſconſultes de *Rome*, & des Ordonnances impériales qui ſemblent concerner les moiſſons, il ait apréhendé qu'en tranſplantant parmi nous la méthode fiſcale mere de cette Juriſprudence, elle ne nous produiſit les mêmes fruits : heureuſement il eſt très-aiſé de lui faire voir qu'ici ſa ſenſibilité a fait illuſion à ſa ſagacité : c'eſt à le raſſurer, bien moins qu'à l'inſtruire ; c'eſt à juſtifier *l'Impôt territorial*, non à chagriner ſon eſtimable cenſeur, que la lettre ſuivante eſt deſtinée.

Lettre de M. LINGUET *à l'Auteur de la Brochure intitulée : de l'Impôt* TERRITORIAL EN NATURE CHEZ LES ROMAINS.

Bruxelles ce 6 Septembre 1787.

NOUS ne cherchons tous deux, Monſieur, que la vérité & le bien public. C'eſt le même motif qui nous a conduits l'un & l'autre, vous, à redouter, moi à conſeiller dans la perception des *impôts* une réforme que vous trouvez auſſi dangereuſe qu'elle me ſemble ſalutaire : l'intérêt perſonnel ne peut par conſéquent avoir aucun rapport à la contrariété de nos idées. Je n'ai point à craindre que la franchiſe, & même le ſuccès de mes obſervations puiſſent vous déplaire. N'être pas de votre avis, c'eſt rendre hommage à la pureté de vos intentions.

Vous vous êtes propoſé de prouver deux choſes, l'une que *la dixme fiſcale* avoit été établie d'abord chez les *Romains* comme un *impôt*, ce qui avoit donné lieu à des abus inſéparables, ſuivant vous, de cette ſorte d'*impôt*; l'autre que la perception en aiant été long-tems exigée *en nature* il en avoit réſulté d'autres abus, qui, joints aux premiers avoient fait de cette taxe un fléau accablant, deſtructeur, un fléau dont on s'étoit long-tems efforcé d'éluder la ruineuſe influence, en ſollicitant, & regardant comme une *grace* la permiſſion de l'acquitter *en argent*,

& qui après avoir rendu le joug des *Romains* odieux à tous leurs sujets, avoit fini par contribuer beaucoup à la chute de leur Empire : delà tous vos lecteurs seront tentés de tirer une conséquence toute naturelle, c'est qu'il faut bien se garder d'envier une perception si désastreuse.

Mais cette conséquence seroit-elle juste s'il étoit démontré que la *dixme fiscale* dans l'origine n'a pas été chez les *Romains* un *impôt*, & que c'est précisément de cette différence, de ce fait qu'*elle n'étoit pas un impôt* qu'est venue la dureté de la manière ou des manières de la percevoir; que même cette dureté n'est pas bien établie, & qu'en supposant la réalité de ces abus, en supposant le tableau que vous en avez fait aussi fidèle qu'il est effraiant, il n'y en a pas un seul qu'on puisse attribuer à la perception *en nature* ?

Or voilà des *faits*, que je me propose d'établir, & d'après lesquels vous deviendrez à ce que j'espère l'apologiste de ma doctrine. Au moins ne pourrez-vous pas disconvenir que tout ce qui a eu lieu chez les *Romains* à cet égard, ne peut tirer à conséquence pour nous : n'y aiant aucune parité dans les causes, nous ne devons pas craindre celle des effets.

Quant au premier point la preuve en est bien aisée. La *dixme fiscale* n'étoit point un *impôt* ; c'étoit un cens, le prix d'une vente, une redevance annuelle, fondée sur un contrat volontaire ; vous ne l'ignorez pas : vous citez dès votre première page un morceau d'*Appien* qui l'énonce clairement.

» C'étoit la coutume des *Romains*, dit cet » hiſtorien, dans leurs conquêtes en *Italie*, de » dépouiller les vaincus d'une partie de leurs » terres, & d'établir des colonies ſur ce domaine: » ce qui étoit cultivé ſe diſtribuoit gratuitement » aux Colons; mais les terrains dévaſtés, reſ- » tés incultes, comme il ne s'en trouve que trop » à la ſuite des guerres, on les abandonnoit à » quiconque vouloit les cultiver, *en réſervant* » *pour l'Etat, ſous le nom de tribut, une redevance* » *annuelle fixée, pour les fruits des arbres, à la cin-* » *quième partie, & pour ceux de la terre, à la di-* » *xième* ».

Rien de plus précis que ce paſſage. La contribution annuelle n'avoit donc que le nom de *taxe*: c'étoit le réſultat d'un marché, le prix d'une vente, un arrentement, une inféodation domaniale, & ſujette à une redevance annuelle. Le vainqueur conſervoit même primitivement dans ſes conceſſions les égards dûs à l'équité, & une proportion fondée ſur la juſtice. Des produits dont la culture eſt peu diſpendieuſe, telle que celle des arbres, il exigeoit une part double de celle qu'il s'attribuoit ſur les moiſſons, ſujettes à plus de riſques & d'avances.

Dès-lors, Monſieur, que deviennent tous les reproches accumulés dans votre § *Ier.*, intitulé, *abus particuliers à la dixme fiſcale?* Un des principaux c'eſt qu'*elle ſe levoit ſur toutes les eſpèces de productions* : *elle diminuoit*, dites-vous, *les reſſources des cultivateurs, & nuiſoit à la réproduction, &c.* Mais par la même raiſon il faudroit donc aussi blâmer tout propriétaire qui n'abandonne pas gratuitement ses domaines. Il faudroit proscrire la politique qui l'autorise à stipuler le prix auquel il fixe la permission de les cultiver.

La même considération répond à un autre de vos griefs contre la *dixme fiscale* : c'est sa facilité à se propager, *qui*, dites-vous, *fit qu'on l'étendit bientôt à tout, même aux foins, même aux bois, même aux étangs, même aux mines, même aux carrières*, &c. Rien n'étoit plus naturel, & plus équitable. L'état *propriétaire* avoit concédé, inféodé les terrains sous la condition de lui en paier une portion des produits : quand on y fesoit naître un produit nouveau à la surface ; quand pénétrant dans l'intérieur on en tiroit une nouvelle source de richesses, ses droits suivoient le *mineur*, ou le *carrier*, ou le *pêcheur*.

Vous-même fournissez dans vos citations la preuve qu'au moins *dans la théorie* la législation ne perdoit de vue ni les principes d'une politique éclairée, ni ceux d'une justice scrupuleuse. Les *pailles* sont d'une utilité précieuse aux fermiers : vous convenez que le publicain décimateur ne pouvoit enlever les pailles : il ne s'approprioit que le grain.

On avoit taxé les forêts *d'arbres à fruit*, les *pacages* : mais la *loi* que vous rapportez, dit que cette taxe se mesuroit sur la fécondité du sol, ou même sur le rapport réel effectif, *ad modum ubertatis vectigal constitutum est.* En tout cela où est donc la vexation ? où sont les abus ? où est le danger ?

Les arbres même qui ne produiſoient point de fruit, dites-vous, *paioient le tribut*, & vous citez un paſſage de *Pline*, qui vous ſemble donner la preuve de cette exaction. Vous croiez y voir une réclamation contre la tyrannie & l'avidité du fiſc : je crois au contraire y voir une reconnoiſſance formelle de ſes ſcrupules, & de ſon équité. Ces mots *fiſc* & *ſcrupule* ſont ſi rarement dans le cas d'aller enſemble, que je ne puis me diſpenſer de vous remettre ſous les ieux le texte avec ma traduction.

» N'a-t-on pas lieu de s'étonner, dit l'hiſto-
» rien de la nature, qu'on ait fait venir d'un autre
» monde, un arbre qui n'a d'autre mérite que
» la beauté de ſon ombrage ? C'eſt le *Platane* dont
» je parle ... il s'eſt multiplié juſques chez les
» *Morins* : on lui fait occuper juſqu'à des *terres*
» *ſujettes aux taxes publiques*, de ſorte qu'on peut
» dire *que les propriétaires paient le tribut, même*
» *de l'ombre dont ils jouiſſent* (1).

N'eſt-il pas clair que la ſurpriſe de l'écrivain, ſon ironie, tombent ſur la folie de ces gens qui emploioient à une jouiſſance ſtérile des terres que leur aſſujettiſſement à la contribution fiſcale devoit rendre doublement précieuſes ? *Tributarium ſolum*. C'eſt leur luxe inſenſé, prodigue, dont il ſe mocque ; & non la ſageſſe du

(1) Sed qui non jure miretur arborem, umbræ gratia tantum ex alieno orbe petitam ? *Platanus* hæc eſt ... jam ad *Morinos* uſque pervecta, ac tributarium etiam detinens ſolum ; ut gentes vectigal, & de umbra pendant.

fisc, qui au-lieu de se laisser éblouir, par la beauté de la *production étrangere*, continuoit à lever sur le domaine devenu parc infructueux, la redevance assignée sur sa fécondité primitive.

On sait bien que chez nous, jusqu'aujourd'hui, pour dérober un terrain à la *taille*, au 10e., au 20e. qui dévorent & humilient les champs ouverts que retourne le laborieux paysan, il suffit de l'écraser de murs, de le revêtir de *quinconces*, de *charmilles*, de *serres chaudes*: mais ce respect extravagant pour les délires puériles, ou les voluptés insolentes de l'opulence, n'étoit pas encore connu du tems de *Pline*. C'est l'excès du faste de ses contemporains, & non pas un abus de la *dixme fiscale* qu'il dénonce à ses lecteurs.

Première observation essentielle : le prétendu *Impôt territorial* usité chez les *Romains* étoit d'une nature toute différente de celui qu'il s'agit d'établir aujourd'hui chez les nations obérées de l'*Europe*. En supposant que de sa nature il eut chez ce peuple célèbre des inconvéniens réels, & redoutables, ces inconvéniens ne se naturaliseroient pas *nécessairement* chez nous, à la suite de la réforme qui n'auroit avec cette ancienne perception rien de commun que le nom. Il est aisé de concevoir pourquoi dans l'Empire elle devint susceptible avec le tems d'abus de plus d'une espèce; pourquoi la levée en fut dure, surchargée d'accessoires oppresseurs, tyranniques; c'est le sort de toutes les concessions faites à titre onéreux.

L'établissement

L'établissement avoit été doux dans l'origine: j'aurois pu multiplier les citations qui prouveroient que *dans la théorie*, comme je l'ai observé, la législation fut toujours humaine & conséquente : dans la *pratique*, chez les *Romains* comme chez nous, c'étoit autre chose. En conservant toujours de la modération dans le langage, on commença par appésantir *dans le fait*, le joug sur les cultivateurs envers qui la concession primitive avoit été une espèce de bienfait. Il est possible que par la suite, quand la charge leur parût excessive, & qu'ils auroient été tentés de s'affranchir de leurs espèces de baux, on ait refusé de les admettre à la résiliation.

Il est possible qu'après en être venu à les livrer, comme vous l'observez aux vexations des *fermiers généraux*, des *commis*, des *jaugeurs*, &c. & de tous ces vampires dont malheureusement les noms, & les fonctions n'ont pas cessé avec le Gouvernement qui les avoit enfantés, on se soit refusé à leurs efforts pour rompre leurs chaînes; qu'on les ait forcés de rester malgré eux propriétaires apparens de ces domaines infestés par les armées fiscales. La régie de nos *gabelles* est un indice trop connu des fureurs, des folies dont les administrations sont capables sur de certaines matières.

Il est possible même qu'après avoir borné pendant quelque tems les exactions aux seuls fermiers des domaines, aux cultivateurs dont les ancêtres avoient eu le malheur de passer les premiers baux de ces *terres contribuables*, TRIBU-

TARIA, un ministre des finances, dans quelque détresse publique, ait trouvé commode de les rendre communes à toutes les possessions; ce qui, cependant n'est pas prouvé: enfin il est possible que dans les agitations, les convulsions du *bas empire*, les besoins de l'état combinés avec la foiblesse des princes, & l'avidité des courtisans, aient fait monter *l'Impôt Territorial*, ou la taxe qui l'avoit remplacé, avec ses accessoires, à un taux si exorbitant, que les barbares qui commençoient par en affranchir les peuples, en aient été regardés comme leurs libérateurs.

Mais tout cela, Monsieur, n'a aucun rapport avec la question qui nous occupe: il ne s'agit pas aujourd'hui de chasser de leurs domaines une partie des propriétaires; de leur substituer des fermiers, des rentiers emphytheotes, dont les familles aient à craindre de se voir un jour par le renouvellement, ou la corruption des baux accordés à leurs ancêtres, grevées de toutes les chaînes que la fiscalité peut imaginer, & multiplier. Ces chaînes nous les portons déja: nous en sommes accablés: sans anéantir en apparence la propriété, elles l'éludent, elles la rendent souvent onéreuse, humiliante, désespérante.

Il s'agit d'adopter un expédient qui, en lui rendant ses véritables avantages, lui assure à l'avenir une franchise inattaquable. Il s'agit non pas d'en investir l'état, mais de déterminer à quel prix elle sera désormais respectée par le fisc, qui a aujourd'hui mille prétextes, & mille moiens pour la rendre onéreuse. De ce que cet expédient auroit le même nom qui a défigné chez les *Romains* un procédé tyrannique dans son principe, & dégénéré dans ses conséquences, seroit-ce donc une raison solide pour le rejetter ? Devons-nous trembler de prier nos Rois de changer l'énorme multiplicité des taxes qui affligent aujourd'hui, & les trônes, & les sujets, parce que les *Romains* dans leurs ravages despotiques, avoient adopté un sistême d'usurpation, qui, modifié d'abord & utile, s'est trouvé ensuite susceptible d'une dépravation funeste ?

Vous voiez, Monsieur, que je ne m'arrête pas aux détails de votre Ier §. Comme vous êtes de bonne foi; que je suppose que vous avez lu ce qui précede, ou que vous le lirez, je ne crois pas avoir besoin de relever ici toutes les objections que j'ai déja prévues & détruites. Je ne dis rien, par exemple, de vos observations sur les dangers, & cependant la nécessité qu'il y auroit suivant vous, d'affermer la *dixme fiscale*; sur l'effroiable dépense qu'exigeroit, à ce que vous croiez, l'effroiable multiplicité des *granges*, des *caves*, des *celliers*, à construire, si l'on affermoit par petites parties, par paroisse; (1) sur la régie inquisitoriale &

(1) Suivant l'estimable auteur, pour affermer par *paroisse*, dans chacun des pays de l'étendue des *Gaules*, qui composoient l'*Empire Romain*, il auroit fallu 40,000 *baux*; & 40,000 granges, sans compter les caves, les celliers, pour les *vignobles*, pour les pays *d'Oliviers*, &c. Or chaque grange ne pouvant coûter à construire moins de 10,000 livres, il auroit fallu pour chaque division 400 millions d'avances, en *maçonnerie*, *charpente*; il croit qu'il en faudroit autant chez nous; j'ai répondu en deux mots à cette difficulté ci-devant page 41.

ruineuse, qui ne tarderoit pas à désoler l'état, si l'on se décidoit à préférer une *ferme générale*, &c.

Vous allez toujours avec des exemples pris chez les *Romains*. Vous trouvez que chez eux le Gouvernement avoit adopté la seconde méthode pour la collecte de la *dixme fiscale*; ce qui n'est cependant pas prouvé, comme je le ferois voir, s'il en étoit besoin; mais enfin, fermiers ou régisseurs, les publicains décimateurs furent bientôt des vexateurs intolérables : possédés de ce démon qui semble en tout pays être le grand *directeur* des financiers, & le guide absolu de leurs opérations,

» Ils couvrirent, dites-vous, de commis & de » gardes toute la surface de l'Empire : ce ne » fut plus seulement sur les frontières ou dans » les lignes intérieures, pour veiller aux droits » de traites, ou pour empêcher des versemens » frauduleux, que l'on vit des stations & des » escouades de surveillans du fisc.

» Il y en eut dans toutes les campagnes, dans » tous les villages, dans tous les hameaux, dans » toutes les fermes. Tout cultivateur en fut » investi : la moitié de la nation fut emploiée aux » dépens de l'*impôt*, à espionner, à rançonner, » ou à contenir l'autre moitié : & les cultiva- » teurs, cette classe d'hommes si paisibles & si » utiles, furent tous les jours obligés de quitter » leurs travaux pour venir dans les villes dé- » fendre leur récolte contre les agens du fisc,

» ou s'en virent arracher pour être traînés » dans les prisons faute d'avoir paié quelque amende ».

Si vous n'avertissiez pas que ce sont les horreurs de la fiscalité *Romaine* que vous peignez dans ce tableau, on ne feroit pas tenté d'en aller si loin chercher l'original; si vous ne disiez pas que ce sont les moissons de ce peuple d'abord si fier, si célèbre, & ensuite si malheureux, si avili, qui ont été soumises à cet affreux régime, on y reconnoîtroit littéralement celui de la *gabelle*, du *tabac*, de nos *douanes*, &c. avec cette différence pourtant qu'il est fort douteux que chez les *Romains* la législation se soit jamais souillée, en prostituant une sanction autentique à ces abominables infamies; au lieu que parmi nous le soin de les combiner, de les rédiger en Loix, d'en forcer, & la sanction, & l'exécution, est un des plus sérieux, comme des plus constans emplois du Gouvernement.

Vous citez comme la preuve de leur introduction *légale* à *Rome* un passage d'une des harangues de *Ciceron* contre *Verres*; mais cet abus d'autorité passager, commis par un scélerat malheureusement armé du pouvoir légitime, n'étoit pas une forme constante & reconnue d'administration. L'avocat des *Siciliens* le comprenoit au nombre des griefs dont la province demandoit par son organe le redressement & vengeance : c'étoit donc un désordre, un crime momentané, au lieu que de nos jours c'est une manière d'être consacrée, inhérente à notre constitution, & fondée ſur des collections de Loix plus volumineuſes que toutes celles qu'ont enfantées la naiſſance, la grandeur, & la dégradation de l'Empire *Romain*.

Mais n'importe : ſoit : dans cet Empire fameux la *dixme fiſcale* avec le tems aura été infectée de ces abus : vous tremblez qu'ils ne ſe développent avec elle dans nos contrées, ſi nous avons le malheur ſuivant vous, & ſuivant moi le courage de nous l'approprier ; mais nous avons au moins deux grans motifs de conſolation, & même de tranquillité.

D'abord nous ſommes dès à préſent, à cet égard, au point où les *Romains* vous paroiſſoient être tombés au dernier terme de leurs calamités. Ces *ſtations*, ces eſcouades de *ſurveillans du fiſc*, ces *eſpionnages*, ces *rançonnemens*, cette miſère du cultivateur arraché journellement de ſes foyers, *faute d'avoir payé quelque amende*, ce ſont-là nos plaies habituelles, & les fruits de notre ſituation financière du jour : l'établiſſement dont il s'agit ne pouvant être propoſé & adopté que comme une réforme, ſeroit ſans doute exempt, au moins dans les premiers tems, de ce funeſte cortège. Les animaux les plus malfaiſans ne ſont point redoutables dans la jeuneſſe ; nous aurions quelques ſiècles, au moins quelques années, à jouir de la *dixme fiſcale* avec ſon innocence.

Et votre ouvrage, Monſieur, qui n'auroit pas empêché qu'on ne l'adoptât pourroit être conſervé avec ſoin, avec reſpect, comme un préſervatif ſalutaire qui avertiroit de veiller à empêcher qu'on ne la corrompît. Tout l'intervalle écoulé entre ſa naiſſance & ſa dépravation, ſeroit un gain, & un gain prodigieux pour les peuples ; vous en conviendrez.

2°. Lors même que malgré vos avis, & les efforts de nos deſcendans, elle ſeroit par le laps des tems revenue à ce point de dégénération, où le triſte portrait que votre main a tracé lui redeviendroit auſſi reſſemblant qu'il l'eſt à l'oppreſſion financière actuelle, il y auroit encore une eſpèce de gain, de bonheur pour notre poſtérité, ſi ces mots peuvent s'appliquer à une diminution de miſère ; aujourd'hui l'affreux régime de la fiſcalité embraſſe, infecte, dévore toutes les claſſes de la ſociété ; il empoiſonne l'exiſtence entière des peuples, en général & en particulier.

Il porte ſur les fruits de la terre, & ſur ceux de l'induſtrie. Les préſens les plus libres de la nature lui ſont ſoumis, comme les objets du commerce : il a droit d'inſpecter ce qu'on mange & ce qu'on boit, ce qu'on vend & ce qu'on donne, ce qu'on file & ce qu'on tiſſe; il y a des commis à la porte des *vignerons*; il y en a à celle du *braſſeur*; il y en a chez le *tanneur*, chez le *forgeron* ; il y en a chez le *papetier*, chez le *notaire*, chez l'*orfevre*, dans les atteliers de tous les genres, comme dans tous les ſanctuaires de la juſtice.

Il y en a dans tous les villages, dans tous les hameaux, ſur toutes les grandes routes ; il y en a ſur les bords de la mer, oui ſur les hords de la mer, non pas ſeulement pour empêcher les *verſemens frauduleux* que des barques contrebandieres pourroient faire ſur le ſable, mais pour repouſſer, ou ſaiſir, une vache tentée de humer une goutte de l'Océan, pour mettre à l'amende la païſanne inconſidérée qui iroit en prendre quatre gouttes pour ſaller ſa ſoupe, & éluder la *bullette* en vertu de laquelle il faudra qu'elle donne demain quatorze ſols qu'elle n'a pas, pour paier en maſſe à la ferme, la livre de ſel que la nature lui offroit gratuitement en liqueur.

Enfin il y en a à toutes les portes des villes murées, qui ont le droit de faire à tous les honnêtes gens le plus intolérable des affronts; qui ont la miſſion expreſſe de leur déclarer, *au nom du Roi*, qu'on les prend pour des impoſteurs capables du plus impudent menſonge, & des fraudes les plus baſſes; dont l'emploi diſtinctif eſt de multiplier ainſi ſans diſtinction de rang, d'âge ni de ſexe, à toutes les minutes du jour & de la nuit, dans une nation ſpécialement délicate *ſur le point d'honneur*, des inſultes que les derniers des hommes chez les peuples les plus groſſiers rougiroient de ſupporter ſans en montrer leur reſſentiment.

Suppoſons que la *dixme fiſcale* ſoit établie même avec l'eſcorte, & les dépendances meurtrières que vous lui ſuppoſez, au moins n'eſt-ce qu'aux fruits directs de la terre qu'elle pourra appliquer ſa rongeante inquiſition; au moins n'eſt-ce qu'autour des champs, & des granges ruſtiques qu'il lui ſera permis d'en développer les ténébreux détails ; en lui ſacrifiant cette partie unique nous jouirons dans tout le reſte d'une franchiſe conſolante.

Et ce ſacrifice, Monſieur, ne ſera jamais néceſſaire : il ne ſera jamais exigé : non jamais. J'en ai dit les raiſons ci-devant (1) jamais le collecteur de la *dixme*, même laïque, ne deviendra un vampire impitoiable, toujours attentif à étendre ſes ravages, & ſes uſurpations.

S'il eſt vrai que la collecte honorée de ce nom chez les *Romains* ait été à la ſuite des ſiècles ſi triſtement flétrie, c'eſt, je le répète, parce qu'elle ſembloit dériver d'une propriété, d'un contrat primitif ; c'eſt que le colon qui cherchoit à éluder ſa redevance étoit regardé comme un voleur qui *trompoit* le vrai poſſeſſeur, qui manquoit à la foi publique ; c'eſt qu'en général l'adminiſtration de cet Empire ſi renommé, ſe reſſentit dans toute ſa durée du principe qui avoit dirigé ſa formation ; iſſu du droit terrible de la guerre il en conſerva toujours l'eſprit ; & dans ſa police domeſtique même le Gouvernement ne put ſe defaire de cette marche impérieuſe & violente qui avoit accéleré ſes conquêtes.

Ici c'eſt toute autre choſe. Notre *dixme fiſcale* ſeroit une conceſſion volontaire, faite par la nation, à un pouvoir fondé ſur les Loix ; établie ſur des baſes connues, d'après une propor-

(1) Page 19 & ſuivantes.

tion bien conſtatée entre les beſoins, & la contribution ; ſurveillée dans une partie des provinces par les *Etats*, & dans le reſte, grace aux progrès des lumières, comme à la facilité du règne actuel, par les *aſſemblées provinciales*; qui par conſéquent ne ſeroit jamais ſuſceptible, ni d'une perception trop dure, ni d'une extenſion indéfinie, ni de ces acceſſoires vraiment effraians que vous trouvez dans *l'impôt territorial*, établi d'après les Loix de la guerre chez les vainqueurs du monde.

Examinons maintenant l'autre ſujet de vos terreurs, & de vos anathêmes. Cet *Impôt*, les *Romains* le levoient *en nature*. Ils prenoient du *bled* ſur les *moiſſons*, du *vin* ſur les *vendanges* : quand le propriétaire d'une *forét*, ou d'une *prairie* offroit au *décimateur* du *bois* ou du *foin*, il ne recevoit pas pour réponſe une viſite de l'*huiſſier des domaines*, chargé de ſaiſir ce bois, ce foin, & de le faire vendre à perte, aux riſques & périls du malheureux contribuable, avec les frais à ſa charge, faute d'avoir à jour nommé remis au bureau de M. le RECEVEUR, *des deniers comptans*, & des *eſpèces au cours*.

C'eſt préciſément ainſi, & ce n'eſt que comme cela que *l'Impôt territorial* peut être avantageux : ce n'eſt qu'autant qu'il ſauvera aux ſujets les riſques, & la dépenſe, inſéparables de la converſion forcée de leurs denrées, qu'il ſera ſalutaire. Arraché en argent il me ſemble qu'il mériteroit à peine la préférence ſur toutes les autres exactions dont l'objet eſt de même de tirer des métaux des veines du peuple, & de convertir à ſes dépens, par ſes propres mains, ſon ſang en or. J'ai même fait de ce principe le titre exprès d'un des § de mon petit écrit à ce ſujet.

A mon grand étonnement, Monſieur, je vois que vous penſez tout le contraire; & c'eſt toujours ſur des *citations*, des *exemples*, que vous vous propoſez d'appuier votre opinion : mais à mon bien plus grand étonnement encore, c'eſt de même d'après une mépriſe dans les mots; c'eſt par un défaut d'attention aux détails, que tous ces paſſages accumulés dans votre ouvrage vous ſemblent propres à juſtifier votre ſévère déciſion, & les conſéquences déſaſtreuſes que vous en tirez. Après une longue énumération des déſordres iſſus, ſuivant vous, de cette perception dans l'*Empire*, vous dites, *nous avons vu que les vexations naiſſoient principalement du mode de l'Impôt, en ce qu'il étoit* PAIE' EN NATURE.

Mais point du-tout, Monſieur, permettez-moi de vous le dire franchement, en rendant juſtice, & à votre érudition, & à la pureté de vos vues; nous n'avons vu cela, ni dans votre brochure, ni dans l'hiſtoire. D'après le récit des contemporains, & même quelques textes des loix, vous nous révelez bien quelques abus trop réels, que la police Romaine toléroit, qu'elle ſoutenoit même, ſi vous le voulez, dans l'adminiſtration des fruits de la *dixme fiſcale*, paiée en nature. Mais ils ne prouveroient que la barbare imbécillité du gouvernement; il n'y auroit point de conſéquence à en tirer contre le *mode de l'Impôt* en lui-même.

Par exemple que resulteroit-il de cette loi atroce que vous citez de *Valentinien I* ? Sous le regne de ce soldat devenu Empereur les gardes des greniers publics surprirent un rescrit, où ils eurent l'imprudence & la bêtise (je ne trouve point d'autres termes) de dire au nom du Prince, » que quand les bleds confiés à leur vigilance » seroient tellement pourris, qu'on ne pourroit » les tirer du dépôt sans occasionner de plain- » tes, il faudroit y mêler assez de bleds nou- » veaux & sains, pour que la corruption du reste » étant un peu déguisée, le fisc ne perdît rien. »

Ce que j'admire n'est pas qu'on ait osé se permettre un semblable manège : & dans combien d'autres pays, par combien d'administrations qui semblent n'avoir pas tout-à-fait abjuré la pudeur, & l'humanité, ne l'avons-nous pas vu mis en usage, de nos jours même ? Ce qui est inconcevable, c'est qu'on ait eu la stupidité d'en consigner l'ordre *dans une loi.*

Si cependant il s'agissoit de justifier, ou du moins d'adoucir un peu l'horreur que doit inspirer une semblable Jurisprudence, je pourrois vous observer d'abord que les rescrits de cette espèce n'étoient pas proprement des *loix* ; c'étoient des émanations secrettes des bureaux, de ces décisions clandestines qui se fabriquoient, & s'achetoient dès lors des commis : les compilateurs de *Justinien* eurent l'indiscrétion de les insérer dans leurs énormes recueils. Mais il est bien clair qu'il ne faut pas les comprendre au nombre des vrais titres de la Jurisprudence Romaine.

Aſſurément rien ne reſſemble moins à ces machinations obreptices, que ce qu'on appelle parmi nous les *arrêts* du Conſeil. Quoiqu'en *Finance* ſur-tout, & dans ce qui concerne les intérêts de la *ferme*, les *douannes*, les *aides*, les *gabelles*, &c. quelques dénonciateurs mal intentionnés aient prétendu qu'on les ſollicitoit ſans pudeur, & qu'on les accordoit ſans examen, ni vous ni moi n'en croions rien : nous ſommes bien convaincus que le ſcrupule des financiers, & la délicateſſe des bureaux, dirigent chez nous cette partie avec la même circonſpection que toutes les autres.

Cependant par cela ſeul que ces *arrêts du Conſeil* ne ſont pas ſoumis à la réviſion légale qui ſeule produit la *ſanction*, ils ne ſont pas cenſés former une partie de notre juriſprudence; & il ne ſeroit pas impoſſible qu'il s'y gliſſât quelquefois des principes abuſifs dont aſſurément la légiſlation ne doit pas être comptable à la poſtérité. La prétendue loi ſur la fraude empoiſonneuſe de *Valentinien*, ne doit donc flétrir ni ſa mémoire, ni ſon adminiſtration.

Obſervez de plus, Monſieur, une choſe qui vous eſt échappée : vous ſuppoſez que cette conceſſion ſcandaleuſe avoit pour objet les bleds deſtinés *à rentrer dans le commerce*; & qu'ainſi le gouvernement aimoit mieux riſquer la vie de ſes ſujets par des alimens malſains, que de s'expoſer à la perte de quelques écus ſur la revente des denrées gâtées : ce n'eſt pas tout à fait cela.

Vous avez vous même remarqué que ces grans emmagasinemens avoient pour objet des distributions que l'usage assignoit aux citoiens, & aux soldats. Sans doute il étoit toujours *inconstitutionnel*, *impolitique*, pour parler le langage à la mode, de donner en présent des bleds gâtés, & de se tranquilliser sur les effets dangereux de ces largesses, sous prétexte qu'elles étoient gratuites: mais enfin, comme pour suppléer à ce que la denrée auroit souffert de déchet, si on l'avoit donnée pure & saine, pour remplacer la quantité sans nuire à la qualité, il auroit fallu dépenser infiniment d'argent, prendre par conséquent sur les peuples de quoi paier la libéralité qui n'en auroit pas eu à leurs ieux plus d'apparence, & choisir entre une vexation fiscale & une manipulation frauduleuse, l'administration qui se décidoit à préférer sans bruit dans ses profusions cette étrange épargne, pouvoit en un sens paroître à ses propres ieux moins criminelle.

Mais au reste je vous abandonne sans peine cette partie de la police financière des *Romains*, & même si vous le voulez tous leurs codes; peut-être savez vous que je n'en ai jamais été le partisan bien chaud; peut-être n'ignorez vous pas qu'au *barreau*, dans ma jeunesse, il m'en a coûté cher d'avoir osé blasphêmer cette idole. De fiers Jurisconsultes *Parisiens* ont mis en cérémonie au nombre de leurs griefs contre moi de *n'avoir pas aimé* le droit *Romain*. N'aiant pas changé d'opinion depuis, à beaucoup près, vous sentez bien que je ne suis pas tenté de me convertir après vous avoir lu; votre brochure ſuffiroit ſeule pour juſtifier mon héréſie ſur cet article.

Mais quel rapport y a-t-il entre la loi de *Valentinien*, ou toutes les autres demences de cette eſpèce, & la *dixme* que nous voulons apprécier? Quand elle auroit été perçue en *argent*, puiſqu'une maxime d'état, une obligation ſacrée, indiſpenſable, néceſſitoit ces diſtributions faſtueuſes, il n'en auroit pas moins fallu aprovisionner les greniers deſtinés à en ramaſſer les fonds : ſoit négligence, ſoit malverſation, ſoit effet naturel & phiſique des ſaiſons, il n'en ſeroit pas moins arrivé ſouvent que les bleds, &c. ſe ſeroient gâtés; le fiſc n'en auroit pas été moins attentif, ni moins hardi, à déguiſer ces accidens; ſe ſeroit-il fait plus de ſcrupule de cette funeſte économie, parce qu'il auroit paié la denrée lui-même *en argent*, que s'il l'avoit reçue des contribuables *en nature*?

Ce n'eſt pas *le mode de l'impôt* qui avoit donné lieu à cet abus, ni à aucun de tous les autres que vous dévoilez avec autant d'énergie que de ſagacité. Ce n'étoit point d'après *ce mode* que les choſes en étoient venues vers la fin de l'empire au point que les laboureurs ſollicitoient, & recevoient *comme une grace* la permiſſion d'acquitter leurs tailles *en argent monnoié* : tout ce que vous dites ſur ce fait, Monſieur, n'eſt que trop vrai, & trop juſte; mais il ne réſultoit point de la cauſe à laquelle vous l'attribuez, permettez moi de vous le dire.

Et quelle étoit-elle donc cette cauſe ? Vous même l'avez indiquée, ſans en avoir tiré les conſéquences qu'elle préſentoit : c'eſt que non-ſeulement on levoit l'*impôt* territorial en *nature*, mais on obligeoit les contribuables à *livrer*, à *voiturer* la recette partout où le gouvernement vouloit la voir rendue : Voilà, Monſieur, le principe meurtrier qui fit de l'*impôt en nature* le fleau de l'empire ; principe qui eſt abſolument étranger *à ſon mode*, & que malheureuſement vous n'en avez pas ſéparé.

Dans l'origine, prenez y garde, l'aſſujettiſſement à ce tranſport n'avoit rien que de juſte, & d'aiſé. C'étoit une des clauſes du marché fait avec le Colon devenu fermier, propriétaire emphitéote des domaines publics, comme nous l'avons vu. Alors le gouvernement étoit humain, les Colonies, ou les conquêtes voiſines, & la livraiſon ſans frais, comme ſans embarras.

Enſuite on la dénatura, on la rendit onéreuſe : on en fit une corvée accablante : toujours d'après cette idée que c'étoit une charge foncière, on l'aggrava avec moins de ſcrupule.

Et quand une fois l'empire eut englouti preſque tout l'univers connu ; quand l'adminiſtration fut corrompue ou dénuée à un certain point ; quand le faſte immoderé du trône, l'avidité inſatiable des courtiſans, la multiplication indiſcrète, peut-être néceſſaire des armées, eurent augmenté à l'infini les beſoins publics ; quand la miſère du peuple fut devenue, comme il arrive

rive toujours, une ſource d'opulence pour les mains emploiées à le dépouiller, quand il n'y eut plus de bornes dans les demandes du gouvernement, ni de règles dans les méthodes adoptées pour y pourvoir, alors on interpreta ſans ſcrupule, on étendit ſans remords, la loi qui aſtreignoit le cultivateur à remettre, à porter lui-même le bled *décimal* au magaſin à lui aſſigné.

Alors tandis que les chefs de cette adminiſtration s'enrichiſſoient par de groſſes concuſſions exercées ſur la choſe même, les inférieurs, les ſubalternes ſe haſarderent avec ſuccès à gagner auſſi quelque choſe les uns *ſur les meſures*, comme on dit que c'eſt l'uſage dans nos *greniers à ſèl*, dans *les regrats &c.* les autres ſur les *tranſports*, rubrique heureuſement ignorée juſqu'ici de nos *gabelleurs*, mais à laquelle ils pourroient venir, s'ils en ont le tems.

Alors le laboureur fut obligé de paier comme vous le dites, le *Garde-Magazin* dépoſitaire de la clef du grenier, pour qu'il ouvrît la porte, & & qu'il daignât recevoir ſa contribution. Alors il fut obligé de paier le *directeur* dans l'arrondiſſement duquel il étoit compris, à peine pour les réfractaires de recevoir des aſſignations incommodes & ruineuſes; d'être contraints à ſe promener d'un bout de l'*Italie* à l'autre, avec leurs voitures & leurs chevaux, ſous prétexte de la néceſſité *du ſervice*, & de l'aprovitionnement des magaſins *impériaux*; alors le fiſc développa toute ſa dureté, & ſes agens toute leur aptitude à imaginer de nouvelles manieres de vexer, de rançonner.

Mais eſt-ce du paiement en *nature*, je le répete, Monſieur, & je vous le demande à vous même, que naiſſoient *indiſpenſablement* ces abus ? Pour les étouffer d'avance, pour extirper à jamais le germe de cette génération funeſte, ne ſuffiroit-il pas d'adapter par une loi préciſe à la perception laïque de la dixme, le régime déja aproprié à celle de cet impôt conſacré à l'Egliſe ? Les *décimateurs* ſont obligés d'aller eux-mêmes la lever ſur le champ qui l'a produite. Le laboureur n'eſt aſtreint qu'à la fidélité : ce qui n'eſt pour lui ni une ſurcharge, ni une dépenſe.

Vous dites qu'il ne ſe piquera guère de cette vertu; que dans la perception de la *dixme eccléſiaſtique* il eſt contenu par le ſcrupule; mais que quand il s'agira de l'impôt profane il tâchera de frauder, ſans croire ſa conſcience intéreſſée; qu'il en naitra des procès, des contraintes, des condamnations, &c. Mais, Monſieur, n'eſt-ce pas auſſi être un peu trop ſuſceptible d'allarmes, & donner trop d'étendue à la preſcience lugubre qui dénature à vos ieux tout ce qui concerne cet objet ?

Ce n'eſt pas l'Egliſe qui reçoit par-tout la dixme eccléſiaſtique : cette levée, ſacrée dans ſon origine, & ſpécialement réſervée pour l'entretien des miniſtres du culte, eſt tombée en beaucoup d'endroits dans des mains qui n'ont aucun rapport au ſervice des autels : elle eſt devenue un patrimoine abſolument laïque, &

l'on ne voit pas que le propriétaire, ou le fermier qui la recueillent, aient plus à souffrir de la mauvaise foi des contribuables, que ceux qui l'exigent pour le compte du *curé*, des *couvens* ou des *chanoines* maintenus dans cette possession.

D'ailleurs, en plus d'un pays il y a des droits seigneuriaux purement laïques, qui se perçoivent de la même manière, qui sont de la même nature, tels que les *Champarts*; on ne voit point le paysan chercher à les éluder sous prétexte que c'est une propriété qui n'appartient pas à l'église; l'idée qu'ils n'ont rien de commun avec les *oints du seigneur* ne le rend ni plus frippon, ni plus querelleur quand il s'agit de les acquitter.

En général, Monsieur, rien de plus vrai que ce que j'ai dit ci-devant, page 22, qu'une levée, fiscale même, quand elle se fait *en fruits*, n'inspire pas la même dureté, la même insensibilité que celle qui s'arrache *en argent*. La première est plus lente: on y emploie des hommes qui se raprochent davantage de l'espèce de ceux avec qui ils traitent. Ils n'ont point le caractere de suppôts *de la justice*, qui devant ne rappeller que des sentimens de douceur, & de noblesse, ne semble malheureusement dans le fait, qu'endurcir les cœurs, & les dégrader; ce ne sont pas des *sergens*.

D'ailleurs comme au moment où ils se présentent le contribuable est nécessairement dans l'abondance, puisque ce n'est jamais qu'une portion de ce que la nature lui a donné, qu'ils viennent lui demander, si leur vue ne le réjouit pas, au moins ne peut-elle lui causer aucune inquiétude. Il est bien certain d'en être quitte pour livrer cette portion de *ce qu'il a* : il est bien sûr de n'être pas traîné en prison pour n'avoir pas eu le tems, ou la faculté, de convertir en especes son bled qui n'est pas encore battu, son lin qui n'est pas encore roui; & de ne pas voir manger *en frais*, ajoutés à l'impôt, les gerbes qu'il destinoit à la subsistance de sa famille.

Ce raisonnement vous paroît *un sophisme*. Cette sécurité qui engage les partisans de la *dixme* perçue *en nature*, à lui donner la préférence sur la nécessité de paier les taxes en especes, est à vos ieux une absurdité : » Tout redevable qui » a des denrées, a bientôt de l'argent, dites- » vous, à moins que le gouvernement lui-même » n'entrave le commerce. » C'est cette assertion, pardonnez-moi ma franchise, qui me semble un sophisme, & un sophisme dangereux.

D'abord dans l'état actuel des choses, le commerce surtout d'une partie essentielle des denrées, est entravé : celui du *vin* par exemple, de quels ridicules, & ruineux liens n'est-il pas accablé ? A peine le malheureux vigneron a-t-il mis dans la cuve sa petite vendange qu'un commis se présente, avant même qu'elle soit sur le pressoir. Le suppôt des *aides* met un cadenat à la bouche du propriétaire, autant qu'à son cellier; il *estime* ce que les tonneaux doivent contenir de liqueur: il fixe ce que la famille aura droit d'en consommer;

Et si, dans l'intervalle de l'une de ses visites, une piece a coulé; si un domestique infidele en a soustrait quelques pintes; si dans une soirée les enfans ou le maître de la maison ont eu plus soif; si enfin le *rat de cave* a mal compté; comme il partage avec *le Pape*, ou plutôt qu'il a plus complettement *que le Pape*, le privilege d'être reputé *infaillible*, il constate le délit : il déclare *procès verbal*, & force le propriétaire ébahi de paier le *trop bu*, comme vous-même l'avez très-bien observé.

Le prétexte de cette étrange loi est qu'on auroit pu *vendre* frauduleusement ce qui a coulé, ou été consommé; & son objet est de mettre des *entraves* à la vente, au commerce; d'empêcher que le propriétaire puisse faire de l'argent de son vin, sans en avoir au préalable acheté la permission, sans avoir fait sa *déclaration*, pris un congé, &c. & fait une infinité de choses qui coûtent de *l'argent*, & *du tems*.

D'après vos propres principes, ce n'est donc pas un sophisme sous une régie ainsi constituée, de dire qu'avec des denrées on n'a pas toujours *bientôt* de l'argent. Mais quand nos vignerons n'auroient pas à supporter l'extravagance odieuse du *trop bu*, & ses accessoires, est-il vrai qu'en général tout possesseur d'une denrée *en fruits* de la terre, puisse toujours en *faire bientôt de l'argent*? Eh quoi, Monsieur, est-ce à vous qui avez un cœur humain, & des connoissances si étendues qu'il faut démontrer le contraire?

De quelque recolte qu'il s'agiffe, foit vin, foit bled, foit huile, foit lin, foit légumes, &c. eft-il vrai que pour la convertir en efpèces, il ne faille pas plus de tems, ni de préliminaires qu'à l'*huiffier des tailles* pour venir fignifier une contrainte, ou faire une faifie? Le payfan relégué dans un hameau éloigné des grandes routes, & des marchés, a-t-il toujours des acheteurs fous fa main?

L'impôt eft toujours échu, & par conféquent exigible, & par conféquent exigé, avant la récolte; d'ailleurs il y a des denrées qui ne fe vendent avec avantage qu'autant qu'on peut attendre, & faifir, le moment. Celui qui eft preffé perd fouvent fur la chofe même; il ne recouvre pas fes avances; mais dans tous les cas, il eft privé du bénéfice qui lui feroit refté, s'il n'avoit pas été obligé de précipiter la métamorphofe funefte de fon vin, de fon bled, de fon huile, en écus, pour affouvir l'impitoiable collecteur.

Il a bientôt de l'argent, je le fuppofe: mais celui qui lui en fait l'avance, qui lui fait la grace de lui acheter *comptant*, ne profite-t-il pas de fa détreffe; c'eft au bourgeois ufurier des villes que va le bénéfice; la perte, le dénuement, le défefpoir font le partage du cultivateur qui a *bientôt* fait de l'argent.

A vos nombreufes citations permettez-moi d'en oppofer une: vous m'avez combattu avec de terribles loix *impériales*, fouffrez que je vous rappelle un beau reſcript d'un Pape, & d'un Pape du tems où ces Pontifes n'étoient pas des Princes, mais des Saints.

Dès le 6e. ſiècle l'Egliſe *Romaine* avoit de grandes poſſeſſions, & elle les faiſoit valoir avec autant d'intelligence que d'humanité. Cependant il ſe gliſſoit dans cette régie, comme dans toutes les choſes humaines, des abus. Saint *Grégoire* appellé au Pontificat, ſongea à les corriger : il nous donne dans ſes lettres une idée des principes qui le dirigeoient dans ſes reformes.

Après avoir proſcrit les *pots de vin*, & les vexations de toute eſpèce auxquelles on pouvoit aſſujettir les fermiers des domaines apoſtoliques; après avoir déclaré en termes exprès *que les coffres du Saint Siege ne devoient point être ſouillés par des gains ſordides*, il dit à ſon régiſſeur : » il » nous eſt revenu que nos payſans ſont vexés » dans le paiement du premier terme de leurs » rentes; *car n'aiant pas encore vendu leurs fruits* » *ils ſont obligés d'emprunter à gros intérêts*....

Ce digne paſteur ne croioit donc pas que ce fût une choſe aiſée pour le cultivateur de ſe procurer ſur-le-champ de l'argent avec des fruits; ni que ce fût une choſe indifférente que le choix du moment où ſe feroit la converſion de la denrée en métal monnoié. Quand vous y aurez mûrement réfléchi, Monſieur, je ſuis perſuadé que vous reviendrez à l'avis de *Saint Grégoire* qui eſt celui de la raiſon, & de l'expérience.

Je me ferois un ſcrupule de perdre davantage du tems & des paroles pour convaincre un homme auſſi éclairé que vous l'êtes. Vous avez voulu m'oppoſer *des faits*: je me flatte d'avoir démontré que les faits que vous citez n'ont aucun poids contre mon ſiſtême : ſi vous ne l'avez point ébranlé, je le crois à l'abri de toute eſpèce d'attaque raiſonnable.

Il ne reſte plus à moi, & à tous les bons citoyens, que de deſirer que le gouvernement ſe décide enfin à en faire l'épreuve. Depuis que mon ouvrage a paru, on m'a de toutes parts envoié des avis, des remercïemens, des félicitations qui expriment ce vœu. On m'a cité différens exemples qui le juſtifient. On m'a aſſuré que le Roi de *Sardaigne* avoit déjà établi la dixme *laique* dans ſes Etats au grand ſoulagement de ſes peuples. Il faut eſpérer que le moment viendra en *France* où l'on oſera faire ce pas vers la raiſon & la juſtice, où l'on ne tremblera plus d'adopter ce moien de régénération.

Je ſuis, &c.

Signé LINGUET.

REPONSE

A deux dernières objections contre la DIXME ROIALE.

L'établissement de l'impôt territorial sera ruineux pour les agens actuels de la Finance, à qui il ôtera leur état, & combattu par les différens PRIVILEGES *des différens corps, dans presque toutes les constitutions politiques actuelles de l'*EUROPE.

JUsqu'à présent j'ai examiné les difficultés qui ont été proposées contre cette réforme en elle-même : & je crois sincèrement les avoir levées, autant du moins qu'elles peuvent être levées par le secours du raisonnement, fondé sur des principes constans. Pour n'y plus revenir je crois devoir répondre à une dernière objection qu'on ne me feroit peut-être pas, & à une difficulté qui aiant sérieusement influé sur l'assemblée de *Versailles* pourroit s'étendre au projet que je développe, parce qu'il porte le même nom que celui qui a été reprouvé par cette assemblée, quoiqu'il n'ait, je le répète, que cela de commun.

Dans l'état actuel des choses, la *Finance*, & ses bigarrures nourrissent une infinité de sujets que ce plan va tous réduire à l'inaction, & pour la pluspart à la *mendicité.* On compte, dit-on, environ 80000 suppôts de la *ferme*, avec, ou sans uniforme, à pied, ou à cheval, sédentaires aux portes des villes, ou errans avec la bandouliere dans les campagnes. Que faire de cette armée énervée non par les délices de *Capoue*, mais par l'habitude d'une vie molle, quoique dans l'indigence? Incapables de labourer la terre; chargés presque tous de famille, parvenus à un âge où le corps, ni l'ame ne prennent plus sans une peine extrême de nouveaux plis, que feront-ils quand vous aurez suprimé l'odieux espionage, l'infâme inquisition dont ils vivent?

Ils font un vilain métier sans doute : mais enfin ils l'ont embrassé sous la garantie de la foi publique : l'état ne leur doit pas le droit de rançonner, de vexer tous ses autres membres: mais ne leur doit-il pas au moins une subsistance jusqu'à ce qu'ils aient trouvé à remplacer à-peu-près l'équivalent des emplois qu'ils vont perdre?

Leurs chefs ont plus à redemander : ils ont fourni des cautionnemens que l'avidité fiscale a dévorés. Ils ont fait des avances dont il faut les remplir : plusieurs ont même acheté des charges dont il faut leur rendre le prix. De ces indemnités pour les petits, de ces remboursemens pour les grans, ne va-t-il pas résulter pour l'Etat une surcharge effraiante, si l'on se pique de justice, ou une barbarie scandaleuse & criminelle si l'on s'en dispense?

A Dieu ne plaise que je souille l'idée d'une restauration salutaire par le conseil d'une cruauté utile : à la vérité l'indifférence ſur le ſort de ces malheureux ſeroit preſque juſtifiée par celle qui dirige & accomplit les réformes militaires.

Mais d'abord la guerre étant par eſſence le théatre de l'injuſtice, & l'écueil de tous les ſentimens humains, les infortunés qui y ſont une fois montés ne doivent pas s'attendre qu'on aura pour eux des égards que leur métier étoit de n'avoir pour perſonne : ainſi cette violation des règles n'en autoriſe point d'autres.

Enſuite l'eſclavage du ſoldat eſt un état ſi horrible, une dégradation ſi complette, qu'il doit s'aplaudir de ſe trouver afranchi, à quelque prix que ce ſoit. Quoiqu'on commette encore ſur lui la plus révoltante iniquité, puiſqu'on caſſe ſans ſon conſentement un contrat qu'il n'auroit pu éluder de lui-même, ſans s'expoſer à une mort violente, ou à une captivité encore plus douloureuſe, je conçois qu'il ne ſonge point à en gémir.

Ici le cas eſt différent, & j'avoue que le miniſtre aſſez vertueux pour briſer les chaînes dont la Finance nous écraſe, doit l'être aſſez auſſi pour ne pas refuſer ſa compaſſion aux ſuppôts qu'elle a ſéduits : mais eſt-il vrai que ce ſoit un fardeau ſi énorme que leur ſubſiſtance juſqu'à ce qu'ils ſoient, ou replacés, ou enlevés par le cours de la nature ?

Tous ſavent écrire : tous ont une idée des loix, de la chicane ; tous ont tiré de leur état même quelque eſpèce de lumière qui les rend propres à d'autres conditions moins fâcheuſes. Avec le tems ils trouveroient du travail : ne pourroit-on pas leur conſerver leurs appointemens pendant un terme fixé, ſuffiſant pour leur donner le tems de chercher ſans inquiétude, & même de choiſir une vacation quelconque ?

Eſt-il vrai que cette eſpèce de ſubſide fut un objet ſi énorme ? Leurs ſalaires, à la plupart, ne vont guère au de-là *de cent écus*. Le caſuel dont l'avidité des maîtres leur laiſſe l'eſpoir pour aiguiſer la leur, n'eſt pas un objet dont le reformateur honnête leur doive tenir compte. Or en les ſuppoſant en effet au nombre de 80000, & tous dans le beſoin de la continuation des *cent écus*, ce ſeroit à peine 24 millions dans la première année.

Il eſt douteux qu'on eut beſoin de l'étendre à la ſeconde ; d'autant plus que le *toiſage* des villes, ſon établiſſement, ſa perception, donnant lieu à l'emploi de beaucoup de mains, en employant une partie de celles-là par préférence, on diminueroit le nombre de celles dont il faudroit pendant quelque tems paroître ſoudoier l'oiſiveté. Ce nombre d'ailleurs décroîtroit rapidement de lui-même, par le ſeul cours de la nature, comme celui des *rentiers viagers*.

Et enfin quand il faudroit pendant une certaine ſuite d'années dépenſer quelques millions pour cet objet, vaut-il mieux, de peur de ſacrifier cette ſomme, perpétuer l'abus qui nous en abſorbe tous les ans 200, avec des ſimptômes ſi cruels, ſi déſolans? Quel eſt l'homme qui ne verra pas volontiers ajouter à la *dixme*, ou au *toiſage*, un excédent ſi bien emploié, & deſtiné à empêcher que le bonheur public ne faſſe quelques infortunés?

Quant aux chefs l'embarras feroit plus grand, ſi l'on ſe propoſoit d'acquitter ſur-le-champ la dette en anéantiſſant le titre? Mais enfin ne peut-on pas ranger leurs créances au nombre de celles de l'état, & les borner à un intérêt proportionné au capital, juſqu'à ce que le bon ordre devenu facile par la clarté, permette de ſonger efficacement à une libération effective? S'en plaindroient-ils? En auroient-ils le droit?

Quand ils ont acquis ces patentes qui leur donnoient le peuple à dévorer, n'ont-ils pas ſu combien elles étoient odieuſes & déteſtées? Les exemples précédens ne leur avoient-ils pas déja fait voir autrefois combien elles étoient peu ſolides? Ne participeroient-ils pas dans le reſte à la félicité commune, fruit du nouvel ordre? Il me ſemble que ces difficultés ne ſont pas ſérieuſes: mais il y en a d'autres plus embarraſſantes.

L'habit d'*Arlequin* eſt une étoffe unie, & d'une couleur ſans nuance, auprès des grans roiaumes de l'*Europe*, & ſur-tout de la *France;* païs ſpécialement choiſi de la providence, pour être un modèle de tout ce qui s'appelle diſparate, & qui dans le bien comme dans le mal, dans le genre des constitutions raisonnables, comme dans celui des cahos ridicules, a l'incontestable avantage d'exceller par dessus tous les autres. Or il est hérissé de privilèges, de variétés de toutes espèces, sur-tout dans ce qui concerne la *fiscalité*.

Les *Pays d'Etats*, dit-on, se refuseront à une régie qui les confondroit avec les Pais d'*élection*. Les gros *Bénéficiers* anathématiseront une réforme qui proportionneroit la taxe aux revenus, & afranchiroit des *décimes* le misérable *congru*, en soumettant au joug l'opulent *décimateur*. La *Noblesse* demandera fièrement à quoi donc elle seroit à l'avenir distinguée du *commerce* & de la *roture*, &c.

Les Ministres dont ce tripotage fait aujourd'hui une des plus sérieuses, & des plus désagréables fonctions; dont le tems s'écoule à concilier, ou à éluder du mieux qu'ils peuvent, ces augustes prérogatives, trembleroient de la seule idée d'avoir à combattre ce flot d'oppositions. Le concert universel des voix robustes de tant d'hommes opulens, étoufferoit sans peine les gémissemens des basses classes de la société, exténuées par la misère, enchaînées par la crainte, imperceptibles par leur avilissement.

Sans doute cette espèce de réclamation pourroit avoir lieu : mais est-il vrai qu'elle put être si universelle & si puissante ? Les hommes paroissent quelquefois dans leurs prétendus caprices, plus absurdes qu'ils ne le sont. Le *Clergé* tient à la forme actuelle de ſon adminiſtration financière, à ſon *don gratuit*, au droit de s'impoſer lui-même : il a raiſon. Si, ſous l'empire des maximes fiſcales ſuivies juſqu'aujourd'hui, cette barrière avoit une fois été renverſée, il eſt difficile de ſavoir juſqu'où l'uſurpation auroit pu aller : il a bien fait de crier toujours que ſes poſſeſſions étoient ſacrées, pour empêcher qu'elles ne devinſſent en peu de tems trop profânes.

Mais cependant il n'a pu éluder bien des impoſitions qui lui ſont communes avec les autres ſujets. Prendroit-il réellement l'allarme à l'aſpect de celle dont il s'agit ici, qui mettroit un frein éternel à toute eſpèce d'uſurpation ? Ce n'eſt pas lui qu'on ravaleroit à la condition des autres claſſes ſociales : ce ſont ces autres claſſes qu'on éleveroit à la nobleſſe primitive de la ſienne. Qu'y perdroit-il ?

Et quand quelques prélats trop ſoupçonneux, ou trop inflexibles, s'opiniâtreroient à regarder intérieurement comme ſuſpecte, une répartition équitable, qui remédieroit à l'injuſtice des *décimes* envers le *bas clergé*, ſans nuire au ſort réel des hauts bénéficiers, oſeroient-ils laiſſer entrevoir leur répugnance, ou y perſiſter ?

A l'égard de la *nobleſſe* ne ſentiroit-elle pas ſur-le-champ les avantages que je viens de démontrer ? La crainte d'être confondue avec ſes fermiers, ou la jalouſie de voir ceux-ci reſpectés comme elle dans la diſtribution du fardeau général, lui fermeroient-elles les ieux ſur l'augmentation de ses baux, sur l'affranchissement effectif de ses biens, sur le bonheur dont elle seroit entourée à la *campagne*, & le repos dont elle jouiroit à la *ville*?

Enfin les *païs d'Etat* seroient bien les maîtres de perpétuer leur anarchie actuelle, s'ils étoient assez aveugles ou assez opiniâtres pour les préférer. L'expérience les auroit bientôt guéris : & ils ne tarderoient à venir déposer aux pieds du trône leurs préjugés ou leur entêtement, en sollicitant comme une grace l'association à une existence qu'ils rougiroient d'avoir refusée.

Ce que je dis ici de la *France*, seroit vrai de tous les autres païs, de toutes les autres administrations de l'*Europe*, où le désordre des finances, où l'anarchie & la tirannie fiscales, ont reçu plus ou moins de développement. Il seroit vrai de l'*Angleterre* même, où les défauts de la constitution financière actuelle sont encore combattus, ou compensés par d'autres avantages ; mais où ils deviendroient plus accablans, plus mortels que par-tout ailleurs, si le progrès de la raison chez ses voisins y accéléroit une régénération qui sera le terme de sa prospérité.

TABLE DES MATIERES.

Fin de la Table.

www.ingramcontent.com/pod-product-compliance
Ingram Content Group UK Ltd.
Pitfield, Milton Keynes, MK11 3LW, UK
UKHW021155260726
13994UKWH00001B/479

9 782329 417493